_____ 님의 소중한 미래를 위해
이 책을 드립니다.

사야 할 아파트, 팔아야 할 아파트

사야 할 아파트, 팔아야 할 아파트

양지영 지음

메이트북스

메이트북스 우리는 책이 독자를 위한 것임을 잊지 않는다.
우리는 독자의 꿈을 사랑하고,
그 꿈이 실현될 수 있는 도구를 세상에 내놓는다.

사야 할 아파트, 팔아야 할 아파트

초판 1쇄 발행 2018년 7월 20일 | **지은이** 양지영
펴낸곳 (주)원앤원콘텐츠그룹 | **펴낸이** 강현규 · 정영훈
책임편집 안미성 | **편집** 최미임 · 이가진 · 이수민 · 김슬미
디자인 최정아 | **마케팅** 한성호 · 김윤성 | **홍보** 이선미 · 정채훈
등록번호 제301-2006-001호 | **등록일자** 2013년 5월 24일
주소 06132 서울시 강남구 논현로 507 성지하이츠빌 3차 1307호 | **전화** (02)2234-7117
팩스 (02)2234-1086 | **이메일** khg0109@hanmail.net
값 16,000원 | **ISBN** 979-11-6002-127-1 03320

이 도서의 국립중앙도서관 출판시도서목록(CIP)은 e-CIP홈페이지(http://www.nl.go.kr/ecip)에서
이용하실 수 있습니다.(CIP제어번호 : CIP2018015848)

투기꾼은 '집값이 얼마나 오를 수 있을까' 생각하고
승부사는 내가 여기다 뭘 할 수 있을까 생각한다

· 도널드 트럼프(미국 45대 대통령) ·

1부
먹고 죽을래도 없는 돈,
그래도 이 아파트는 사라

2부
돈이 넘쳐나도,
이 아파트만은 팔아라

3부
잘 사고 잘 파는 시기가
돈을 벌어다준다

부동산을 지배할
미래 트렌드를 알자

지금 내가 살(buy) 집을 찾는다면
누구나 살(live)고 싶어하는 집을 찾아라

2018년 4월에 유료 강의 요청을 받았다. 궁금한 것은 바로 풀어야 하는 성격이라 관계자에게 물었다. "요즘 무료 부동산 강의와 세미나가 많은데 유료로 하면 사람들이 모이겠느냐"라고 말이다. 관계자는 참석률은 본인들이 걱정할 일이니 강의를 잘 부탁한다는 것이다. 강의도 참관객의 참석률과 참여도에 따라 달라지는 데 싫었지만 우선 하겠다고 했다. 강의를 며칠 앞두고 관계자한테 연락이 왔다. 선착순 300명을 강의하는 자리였는데 이미 인원이 차서 강의실을 옮겨야 하나 걱정이라는 것이다. 지금 생각해보니 요즘 분위기를 잘 몰랐던 것이었다.

2018년 5월, 어느 언론 매체 주최로 진행된 강의에 참석했다. 아시아 최대 규모의 재테크 박람회인 걸로 알고 있어서 '많은 사람이

10

참석하겠구나'라고 생각했다. 강의 시작을 기다리고 있는데 진행 관계자가 오더니 "지금까지 진행한 강의 중 최대 인원이 신청했어요. 1,500명 이상 오지 않을까 예상됩니다. 잘 부탁드립니다"라고 하는 것이다. 강의 시간이 되어 가자 준비해놓은 의자는 이미 자리를 다 메웠고, 바닥에 앉은 사람, 서서 기다리는 사람, 정말 한점의 빈틈없이 사람들로 가득 찼다. 강의를 하러 올라갔을 때 많은 관객들로 '와우'라는 탄성이 절로 나왔다.

최근 부동산시장이 핫한 것은 알고 있었지만 이 정도로 뜨거울지는 몰랐다. 주변 사람들을 만나면 우리 집은 얼마 올랐느니 하는 얘기가 전체의 50%를 차지하니 이런 분위기가 될만한 것 같다.

상담을 할 때나 강의에서 질문을 받거나 주변 친구들 사이에서도 가장 많이 받는 질문은 '어디에 사야 하나?'라는 것이고, 두 번째 많은 질문이 '언제 사야 하나?'라는 것이다. 가장 흔한 질문이지만 재테크에서 가장 중요한 포인트이기도 하다. 또 하나가 이론적으로는 잘 알고 있지만 잘 안 지켜지는 부분이기도 하다.

좋은 지역과 물건을 추천해줬는데도, 지금 파는 시기가 아니라고 얘기를 해도 결정은 꼭 반대로 하는 사람들이 있다. 지인 중에 한 분은 넉넉한 자금력을 가지고 있는데도 재테크를 해서 성공한 적이 없다. 그분은 재테크를 하기 전에 항상 돈을 지불하고 전문가의 도움을 받는데도 그렇다. 이유를 알고 봤더니 본인은 이미 어디에 투자를 하고 싶은지 이미 결정되어 있는 상태이고, 전문가는 단순히 의견만 듣는 과정인 것이다. 그러니 실패를 할 수밖에 없다. 언젠가는 지금 가지고 있는 자산도 다 까먹지 않을까 걱정이 된다.

'어디에 사야 하나?'라는 질문의 답은 지금 내가 살(Buy) 곳을 찾는다면 누구나 살(live)고 싶어하는 집을 찾아야 한다. 요즘에는 과거처럼 거주만 할 집을 찾는 사람도, 시세차익만 바라고 투자하는 사람도(뭐 있을 수도 있겠다) 없다. 지금 수요자들은 실수요와 투자자들의 중간에 있는 사람들이 대부분일 것이다. 내가 들어가서 살고 싶은 집을 찾는데 그 집이 집값도 많이 올라줬으면 하는 것이다. 이 마인드는 꼭 필요하다.

앞으로 주택시장은 과거처럼 모든 집이 오르는 시대가 아닌 되는 곳만 오르는 양극화가 뚜렷한 시간이 될 것이다. 즉 성장가치, 희소가치, 생산가치(생산인구와 소득수준)를 찾아가면 성공할 것이다.

'언제 사야 하나?'라는 질문의 답은 위 3가지 조건을 갖춘 집이고, 내가 단기 투자목적만 아니라면 지금 사도 실패는 없다. 단, 부동산 사이클이나 부동산의 중요한 투자 포인트만 공부를 하면 무조건 지금 사는 사람보다 더 좋은 가격에 매입하고 혹은 더 좋은 가격에 팔 수 있을 것이다. 이 책이 그런 가이드 역할을 해줄 것이다.

성공과 돈은 노력하지 않는 사람들에게 잠시 찾아왔다가도 오래 머물지 않고 사라진다. 특히 부동산의 경우 많은 정책 변화와 다양한 변수 등이 있기 때문에 항상 곁에 두고 공부하는 사람만이 성공과 돈이 오래 머물 수 있다. 자손 대대로 물려줄 수 있는 부동산 투자 성공 비법을 공부하는 당신이 되어 보길 바란다.

양지영

지금 내가 살(Buy) 곳을 찾는다면,

누구나 살(live)고 싶어하는 집을 찾아야 한다.

『사야 할 아파트, 팔아야 할 아파트』
저자 심층 인터뷰

Q. 『사야 할 아파트, 팔아야 할 아파트』를 소개해주시고, 이 책을 통해 독자들에게 전하고 싶은 메시지가 무엇인지 말씀해주세요.

A. 가장 많이 받는 질문이 "어디 집을 사야 해요?" 입니다. 집을 사고 싶어하는 사람이 그만큼 많다는 것입니다. 앞으로 모든 주택이 하루아침에 몇천만 원씩 오르는 시대는 끝났습니다. 과거에는 개발이 필요한 시기였기 때문에 사면 가격 변동이 심했으며, 이 아파트가 오르면 저 아파트도 덩달아 오르기까지 했습니다. 하지만 이제 집을 사려는 인구가 감소하는 추세입니다. 한국은 이미 주택보

급률 100%를 넘어선 상황이기에 집을 사야 하는 이유와 집을 살 때 어떤 집을 사야 실패가 없는지에 대해 가이드 역할을 해주고 싶었습니다.

Q. 성장가치가 있는 아파트를 사야 한다고 강조하셨습니다. 성장가치가 있는 '아파트'란 어떤 아파트인가요?

A. 아파트가 위치하고 있는 지역이나, 아파트 자체적으로 지금보다 미래에 발전할 수 있는 가능성을 말합니다. 지역 내 대규모 개발 호재가 진행중에 있다면 개발이 완료된 후에 생활이 편리해지는 집을 의미합니다. 예를 들어 지하철이 개통이 되면 출·퇴근이 편리해질 것이고, 대규모 유통시설이 들어서면 쇼핑과 문화생활이 편리해질 것입니다. 사람들은 편리함을 찾아 들어올 수밖에 없고, 그렇게 되면 자연스럽게 지역가치는 물론 해당 지역 내 아파트 가치도 오르게 됩니다.

재건축이나 리모델링이 진행중이라면 지금은 노후화되어 생활이 불편하겠지만 사업이 완료되어 새 아파트로 탈바꿈되면 새로운 가치로 부여받습니다. 특히 사업 진척도가 빠르다면 기대감은 더 큽니다.

Q. 희소가치가 있기에 숲을 품는 아파트가 각광을 받고 있다고 하셨습니다. 이에 대한 자세한 설명 부탁드립니다.

A. 아침에 눈을 뜨면 미세먼지 수치부터 확인하는 하루의 시작이

당연시 되어 가고 있습니다. 미세먼지의 수치에 따라 하루의 일정이 달라지기도 합니다. 아이들이 있는 가정은 미세먼지 예민도가 클 수밖에 없습니다. 숲은 미세먼지 수치를 떨어뜨리는 효과를 줍니다.

다이아몬드와 샤넬백이 비싼 이유는 찾는 사람은 많은데 물량은 귀하기 때문입니다. 즉 희소성의 가치입니다. 사람들이 많이 몰리는 지역은 이미 개발부지 고갈 상태로 더이상 녹지공간을 만들기도 힘듭니다. 숲과 녹지를 찾는 환경적인 변화, 크게 증가할 수 없는 녹지공간에 따른 희소가치가 아닐까요?

Q. 주택 수요가 있는 곳의 아파트를 사야 한다고 강조하셨습니다. 주택 수요가 생기려면 아파트 구매자들의 어떤 니즈를 충족해야 하나요?

A. 집을 선택할 때 기준은 다양합니다. 학군, 교통, 업무, 편의시설, 쾌적성 등을 많이 봅니다. 이 모든 기준을 충족시킨다면 좋겠지만 그런 집은 비쌀 수밖에 없습니다. 그렇다면 자신이 정말 중시하는 기준을 쫓아가게 됩니다. 자녀가 있고 교육에 대한 관심이 많은 부모라면 명문학군 위주로 보게 되고, 젊은 회사원이라면 직주근접과 편리성을 따질 겁니다. 그리고 건강에 관심이 많다면 녹지가 풍부하거나 대형병원이 인접해 있는 곳을 찾게 됩니다. 이렇게 어떤 지역이든 아파트든 선택할 때 모든 기준에서 100점을 받지 못하더라고 어느 한 기준이 100점을 가지고 있다면 그 기준을 따라 들어오는 수요는 꾸준할 것입니다.

Q. 인프라가 확충되는 곳의 아파트를 사야 한다고 말씀하셨습니다. 부동산에서 말하는 인프라의 개념에 대해 자세한 설명 부탁드립니다.

A. 인프라는 기반시설입니다. 즉 사람들이 생활하는데 필요한 기반시설들이라고 할 수 있습니다. 학교가 될 수 있고, 지하철역이나 도로 등 교통 여건, 업무시설, 마트나 병원, 은행 등 삶에 있어서 필요한 모든 것들을 인프라라고 볼 수 있습니다. 인프라가 잘 구축되어 있다는 것은 필요한 시설들을 찾아 굳이 시간을 내어 멀리 갈 필요가 없고, 그 지역 내에서 편리하게 생활할 수 있다는 것을 말합니다. 그렇기 때문에 그 지역을 찾아 오는 사람들이 확충될 것이며, 사람들이 들어온다는 것은 주택 수요가 늘어난다는 것이기 때문에 가격 상승에 긍정적인 영향을 주게 됩니다.

Q. 돈이 넘쳐나도 사지 말아야 할 아파트들도 있다고 하셨습니다. 구체적으로 어떤 조건의 아파트들인가요?

A. 대표적으로 혐오시설이 있습니다. 공동묘지, 송전탑, 쓰레기매립장, 고가도로 등 여러 가지 혐오시설을 들 수 있습니다. 이런 것들은 사람들이 기피하는 것들입니다. 기피한다는 것은 이 지역에 들어가기 싫다는 것입니다. 주택가격은 수요에 따라 결정되는데, 이런 기피시설이 있는 곳은 집값이 오르기는커녕 당연히 떨어지게 됩니다. 단 기피시설이 사라지는 때가 있는데 그런 시기를 잡는 것이 또 투자 성공의 방법이 됩니다.

Q. 부동산 상품에 따른 투자는 '타이밍'이라고 하셨습니다. 매도 시기와 매수 시기를 어떻게 맞춰야 성공할 수 있는 건가요? 자세한 설명 부탁드립니다.

A. 신이 아닌 이상 꼭지와 바닥을 정확히 알 수 없습니다. 하지만 최적의 매도와 매수 시기를 잡고 남들보다 좀더 유리하게 움직일 수는 있습니다.

예를 들어 보통 매수자나 매도자는 부동산 정책 발표가 나면 조바심으로 매수·매도 타이밍을 급하게 잡는 경우가 많습니다. 하지만 타이밍을 규제 정책 발표 이후 3개월 이내에 결정하는 것은 아주 큰 실수입니다. 매수자 입장에 있어서는 3개월간 시장 동향에서도 매물 동향을 중심으로 주시할 필요가 있습니다. 규제 정책이 발표되고 3개월간 매물도 많이 나오지 않고 매수자도 많지 않다면 매수 시기로 잡아도 됩니다. 과거 부동산시세 그래프를 그려보면 비슷한 모습의 그래프가 반복되어 나타나는 것을 알 수 있습니다.

유행이 돌고 돌듯 부동산가격 흐름 역시 기본적인 틀에서 쉽게 벗어나지 않습니다. 따라서 시기별 부동산이 어떻게 움직여 왔는지 잘 파악만 하더라도 내 집 마련과 투자에 있어 실패는 없을 것입니다.

Q. 인구 구조 변화에 따라 부동산시장도 함께 변한다고 하셨습니다. 인구 변화와 부동산의 관계에 대해 알려주시기 바랍니다.

A. 인구가 감소한다는 것은 주택 수요가 줄어든다는 의미입니다. 특

히 생산인구가 감소한다는 것은 주택 매입 수요가 줄어드는 것입니다. 우리나라는 고령화 속도가 다른 선진국들에 비해 빠릅니다. 이는 생산인구가 감소한다는 것을 의미하며 주택 매입 수요가 빨리 줄어든다는 것입니다. 하지만 단지 인구 감소에만 집중할 것이 아니라 다른 시선으로 시장을 볼 필요가 있습니다. 즉 인구는 감소하지만 가구수가 증가한다는 것입니다. 결혼을 안 하거나 자녀를 낳지 않는 초핵가족화가 증가하고 있습니다. 때문에 이런 트렌드 변화가 주택시장에 어떤 변화를 줄 것인지 고민할 필요가 있습니다.

Q. 부동산 투자를 '투기'라고 생각하는 사람들도 있습니다. 부동산 전문가로서 이에 대해 어떻게 생각하시나요?

A. 하루에도 몇 번의 손바뀜이 이뤄지는 주식은 투자이고, 최소 2년을 보고 투자를 하는 부동산을 '투기'라고 보는 것은 무리입니다. 과거에는 대규모 개발이 이루어져 무리를 해서라도 은행대출을 받아 투자하는 시절이 있었습니다. 그런 시기에는 투기라 볼 수도 있습니다. 대부분 대출의 힘으로 단타 목적으로 접근했기 때문입니다. 그때는 집을 사는 80% 이상이 투자자였다 해도 과언이 아니었습니다.

하지만 지금 집을 사는 대부분이 실수요자와 투자자의 중간이지 않을까요? 내가 들어가서 살 집이 필요하고, 집값도 당연히 오르면 좋겠다고 생각하는 사람들이 투기자일까요?

Q. 아파트에 투자하려고 하는 독자들에게 당부의 한 말씀 부탁드립니다.

A. 목표수익률을 설정하는 것이 상당히 도움이 됩니다. 오르면 사고 싶고, 떨어지면 팔고 싶고, 오르면 더 오를 것 같은 기대감이 생기는 것이 사람의 심리입니다. 그래서 매도 타이밍을 놓치고 안 좋은 가격에 매도를 해야 하거나, 다시 사이클이 한 번 더 돌 때까지 기다려야 하는 사람도 있습니다. 하지만 목표수익률을 설정하면 매도 이후 더 올라 아쉬울 때도 있겠지만 원하는 수익을 올린 결과를 얻을 수 있습니다.

또한 부동산 사이클 흐름을 파악해서 현재 시장이 앞으로 어떻게 움직일지 분석할 필요가 있습니다. 나의 현재 자금과 앞으로 자금 계획, 자녀 계획, 미래 직장 거처 등 내가 살 집에 영향을 줄 요건들을 따져 내 집 마련 포트폴리오를 짜야 합니다.

부동산 사이클 흐름을 파악해서

현재 시장이 앞으로 어떻게 움직일지 분석할 필요가 있습니다.

너도나도 집을 사서 시세차익 봤다고 하는데 나만 집이 없나 하는 자괴감에 빠지기도 하고, 전세물량은 점점 줄고 반면에 깡통전세는 늘어나 임차인으로 사는 것도 불안하다. 그런데 인구 감소와 공급 초과 등의 이유로 집값 하락 추세인지라 집을 사기도 불안하다. 생산인구 감소 등 여러 가지 이유로 앞으로 부동산 대세 상승은 기대하기 힘들다. 하지만 가장 안정적이면서도 수익성이 높은 자산 증식 방법으로 부동산 투자의 인기는 앞으로도 계속될 수밖에 없다. 또 인구는 감소하지만 1~2인 가구 증가로 가구수는 증가한다. 지겹도록 듣는 양극화, 그게 바로 미래 부동산 투자 성공의 포인트다. 양극화 시장에서 살기도 편하고 시세차익도 누리는 성공하는 자가 되기 위해서는 성장가치, 희소가치, 생산인구 증가를 따라가면 된다.

1부

먹고 죽을래도 없는 돈,
그래도 이 아파트는 사라

성장가치가 있는 아파트

무조건 역세권 아파트를 선택해야 한다

역세권은 돈이다. 이 말에 대해 반론을 가지는 사람이 있을까? 알면서도 생각만큼 행동이 따르지 못한다. 비싸기 때문이다. 하지만 비싸다고 해서 투자 상대에서 제외할 것이 아니라 역발상을 해볼 필요가 있다. 비싼 것은 그만큼 미래가치가 있다는 생각의 전환이 필요하다.

일반적으로 역세권이라 하면 지하철역을 중심으로 접근성이 좋은 역 주변 지역을 통괄해서 말한다. 다시 말해 지하철역에서 걸어서 5~10분 이내 이거나 거리로 500m 이내를 말한다. 이 범위를 벗어나면 사실상 역세권의 영향력이 사라지게 된다(최근에는 버스 노선이 늘고 자가용 소유자가 늘면서 역세권 범위가 다소 넓어졌다고 하는 사람도 있지만, 필자는 지하철 노선이 더 확대되면서 역세권 범위가 더 좁혀졌다고 생각한다).

역세권 아파트도 주변의 편의시설이나 주변 환경에 따라 그 가치는 달라진다. 주변 역을 중심으로 상권이 발달되어 편의시설이나 타 교통시설의 연계가 좋다면 최고의 역세권 아파트라고 꼽을 수 있다. 역세권 아파트는 상승기 때보다는 하락기에 매입하는 것이 좋다. 상승기나 활황기에는 역세권 아파트의 매도세가 줄어들어 매입하기가 상당히 어렵기 때문이다.

시간은 곧 돈이다

'왜 역세권 아파트를 사야 하는가'에 답을 하자면 오를 때 많이 오르고 내릴 때에는 강한 가격 저지선을 가지고 있기 때문이다. 탄탄한 수요가 뒷받침되어 있어 침체기에도 가격 하락 폭이 크지 않다. 이 때문에 역세권 아파트는 환금성도 높다.

왜 역세권 아파트가 좋은지 좀더 세밀하게 들어가보자. 흔히 말하는 '블루칩 아파트'의 요건 중 하나가 바로 역세권이다. 과거에는 역세권이라는 요소가 내 집 마련에 있어 크게 작용하지 않았다. 활동 범위가 현재 살고 있는 지역에서 벗어나는 일이 거의 없었기 때문이다. 하지만 지금은 사정이 다르다. 활동 범위가 상당히 넓어졌다. 또한 바쁜 사회 생활에서 시간은 곧 돈으로 연결 지어지고 있다. 때문에 좀더 빨리 움직일 수 있는 환경이라면 그만큼의 가치가 있는 것이다.

또한 최근 교통체증도 심해지면서 지하철의 중요성은 더욱 커지고 있다. 역세권의 가장 큰 장점은 원하는 지역을 제 시간에 갈 수 있다는 것이다. 직장인들에게 출·퇴근 시간에 교통체증에서 벗어나는 것만큼 좋을 일도 없을 것이다. 지옥 같은 출·퇴근 시간을 겪어본 사람들은 알 것이다.

고유가 시대도 한몫을 한다. 고유가 시대로 접어들면서 수요자들의 씀씀이도 줄어들고 있다. 자동차 관리비가 만만치 않게 들면서 대중교통 이용자가 갈수록 늘고 있다.

몇 해 전까지만 하더라도 역세권이라는 말은 서울과 수도권을 제외하고는 생소한 말이었다. 하지만 지금은 부산, 대구, 대전, 광주까지 지하철 1호선은 물론이고 추가 노선, 연장 노선까지 확대하고 있다.

이런 이유로 역세권에 위치한 아파트는 그렇지 못한 아파트보다 가격 면에서 강세를 보이고 프리미엄도 높게 형성된다. 더욱이 같은 동(洞) 안에서도 역세권 여부에 따라 단지별 차별화 현상도 크다. 그중에서도 더블역세권으로 불리는 환승역세권 아파트는 가격 상승 폭도 2배 높다. 역세권 아파트는 앞으로 더욱 블루칩의 위력을 발휘할 것이다.

역세권과 비역세권 아파트의 격차가 크다

부동산리서치 전문업체 리얼투데이가 2015년에 1천 명을 대상으로 설문조사를 한 결과 응답자 중 56.9%는 동일 지역에서 분양하는 아파트들 중 역세권 아파트를 분양받기 위해서 3천만 원을 더 낼 수 있다고 답했다. 응답자의 33.6%는 5천만 원 이상, 4.8%는 8천만 원 이상을 더 내서라도 역세권 아파트를 사겠다고 답했다. 역세권 아파트 선호도를 직접적으로 보여주는 수치다.

도로·철도·지하철 신설은 주변 부동산시장에 큰 재료로 꼽힌다. 도로 개설에 따라 접근성이 좋아진다는 것은 거주하거나 사업을 하려는 수요가 몰린다는 뜻이고, 이럴 경우 해당 지역의 부동산 가치는 높아지게 마련이다. 과거 한정된 장소에서 생활할 때는 교통여건이 그렇게 중요하지 않았다. 그러나 활동 영역이 점점 넓어지고 도로 위의 교통체증도 심각해지면서 지하철이 많은 비중을 차지하게 되었다.

지하철은 목적지까지 가장 신속하고 정확하게 이동할 수 있는 대중교통 수단이며 자산증식의 한 방법이다. 역세권 아파트가 비역세권 아파트보다 거래가 활발하고, 가격 상승력이 높은 것이 일반적이기 때문이다.

역세권의 인기는 교통환경이 열악한 지역일수록 더 높다. 예를 들어 지하철역의 발달이 잘 안 되어 있는 경기도나 인천, 그리고 지방의 경우에는 역세권이냐 아니냐에 따라 집값이 크게 양분된다.

동탄2신도시를 보면 같은 지역 내에서도 역세권과 비역세권 차이가 극명하게 드러난다. 동탄역 인근에 위치한 화성시 청계동의 3.3m²당 아파트 매매값은 2018년 3월 1,606만 원으로 가장 높게 형성되어 있다. 청계동에서도 가장 비싼 아파트는 역과 바로 인접해 있는 동탄역 시범 더샵센트럴시티로 3.3m²당 2천만 원이 넘는다. 반면에 같은 청계동에서도 가장 싼 아파트는 도보로 역을 사실상 이용하기 힘든 청계숲 사랑으로 부영아파트로 3.3m²당 1,196만 원에 형성되어 있다.

경기도 화성시 동탄2신도시에서 2017년 12월에 분양한 동탄역 롯데캐슬 트리니티는 SRT(수서발 고속철도) 동탄역 앞에 위치한 초역세권 주상복합단지다. 이 아파트는 1순위에서 평균 청약 경쟁률 77.54 대 1, 오피스텔은 평균 56.84 대 1의 경쟁률을 각각 기록했다. 하지만 비슷한 시기에 분양한 동탄역에서 1km 정도 떨어진 동탄 디엠시티더센텀 주상복합단지는 청약 미달 사태를 빚었다.

서울 역시 역세권이 집값 결정에 큰 결정적인 요소로 작용하지만, 서울은 지난 2015년 3월에 지하철 9호선 개화역~종합운동장역이 개통되면서 제1기(1~4호선) 120개, 제2기(5~8호선) 157개, 제3기(9호선) 25개, 총 302개의 역이 운영되고 있다. 웬만하면 역세권 아파트라는 것이다.

도로뿐 아니라 지하철·경전철 등 대중교통 수단이 잘 발달된 곳은 부동산가격을 상승시키는 데 필요충분조건인 새로운 인구가 유입된다. 또한 상권을 비롯해 각종 인프라가 잘 갖춰진다.

저렴하게 주택을 마련하려는 실수요자 입장에서는 현재 교통 인프라가 완벽하게 갖춰진 곳보다는, 당장은 좀 불편하더라도 앞으로 교통환경이 좋아질 곳을 미리 선점해놓으면 향후 시세차익을 기대할 수 있을 것이다.

역세권 아파트는 지역 내에서도 가장 높은 몸값을 자랑한다. KB 부동산 시세에 따르면 길음역 역세권인 서울 성북구 길음동 길음뉴타운6단지는 3.3m²당 1,927만 원으로, 길음동 평균 아파트가격인

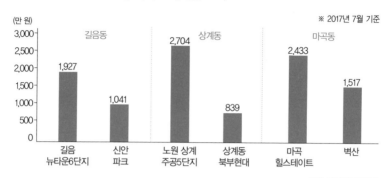

역세권·비역세권 3.3m²당 아파트 매매값

(만 원)   ※ 2017년 7월 기준

길음동

1,927 길음 뉴타운6단지
1,041 신안 파크

상계동

2,704 노원 상계 주공5단지
839 상계동 북부현대

마곡동

2,433 마곡 힐스테이트
1,517 벽산

자료: KB부동산시세

1,557만 원보다 307만 원가량 비싸다.

　같은 지역 내에서도 초역세권 아파트와 비역세권 아파트 간의 집값 차이도 크다. 저평가되어 있다가 지하철 9호선이 개통되면서 가치가 높아진 지역은 서울 강서구가 대표적이다. 강서구 마곡동에서 가장 비싼 아파트는 마곡 힐스테이트로 같은 시기에 분양한 아파트보다 비싸서 평균 아파트 매매값이 3.3m²당 2,433만 원이다. 반면에 같은 동네에서 가장 싼 아파트는 벽산아파트로 3.3m²당 1,517만 원으로 무려 916만 원이나 차이가 난다.

　서울 노원구 상계동에서 가장 비싼 아파트는 지하철 4·7호선 노원역 초입에 위치한 상계주공5단지로 3.3m²당 2,704만 원 선이다. 반면에 같은 지역에서 가장 싼 아파트는 지하철 7호선 수락산역에서 걸어서 10분 이상 걸리는 북부현대아파트로 3.3m²당 839만 원으로 두 아파트가격차가 무려 1,865만 원이다.

　역세권과 비역세권 아파트가격 오름폭도 차이가 크다. 마곡힐스테이트 전용 59m²가 2016년 7월에 일반평균가가 6억 원이었지만 1년 뒤에는 6억 8,500만 원으로 8,500만 원이 오른 반면에 벽산아파트 전용 59m²는 같은 기간 3억 8,750만 원에서 4억 1,500만 원으로 2,750만 원 오르는 데 그쳤다.

지하철역 거리에 따라 가격 격차도 크다

지하철역이라고 오름세도 모두 똑같을까? 지하철역과 거리에 따라 아파트가격 격차도 있다.

부동산114에 따르면 2017년 5월 26일 기준으로 수도권 아파트 중 '도보 5분 이내' 역세권 아파트의 3.3m²당 매매값은 2,019만 원인 것으로 나타났다. 반면에 '도보 6~10분 이내'는 1,617만 원으로 5분 이내 아파트가 402만 원 더 비쌌다. 그리고 '도보 11~15분 이내' 아파트는 1,378만 원으로 '도보 5분 이내' 아파트가격보다 641만 원 저렴한 것으로 나타났다. 도보 5분 이내의 전용면적 59m²의 아파트가격은 5억 500여만 원이다. 반면에 도보 10분 이내 아파트는 4억 400만 원으로 둘 간의 가격 격차는 무려 1억 원가량이 되는 것이다.

이왕이면 1개 노선보다는 3개 노선

서울 9개 전철노선 등 수도권에만 총 19개의 전철노선이 지나는 만큼 1개 노선만 이용할 수 있는 아파트는 큰 메리트(merit)가 없을 정도가 되었다. 이에 2가지 노선이 지나는 더블역세권이나 3곳 이상의 노선이 인접해 있는 트리플역세권 등 다중역세권은 '프리미엄역세권'이 되었다.

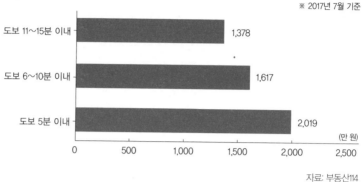

지하철역 거리에 따른 3.3㎡당 평균 매매값

※ 2017년 7월 기준

도보 11~15분 이내   1,378

도보 6~10분 이내   1,617

도보 5분 이내   2,019

(만 원)

0   500   1,000   1,500   2,000   2,500

자료: 부동산114

실제로 서울부동산정보광장에 따르면 서울의 25개구 중 월세 비중이 가장 높은 구는 종로구(43.4%)와 중구(42.9%)로 나타났다. 이들 지역은 종각·종로·경복궁·광화문·시청·서울역·명동·충무로 등 서울 도심 주요 지하철역이 약 15개 이상 지나는 곳이다. 반면에 월세 비중이 낮았던 금천구(19.1%)와 양천구(19.9%)는 각각 지하철역이 4곳, 6곳으로 지하철역이 다소 부족한 것으로 나타났다.

심지어 더블역세권 아파트도 심심찮게 눈에 띄기도 한다. 최근에는 지하철 3개 노선을 걸어서 이용할 수 있는 트리플역세권 아파트가 진정한 역세권 단지로 인기를 얻고 있다. 아파트 상승률 또한 더블역세권과 트리플역세권 간 큰 차이를 보이고 있다.

실제 KB부동산시세를 살펴보면 지하철 2호선 신당역과 5·6호선 청구역 3개 노선을 이용할 수 있는 서울 중구 신당동 청구 e편한세상 같은 경우 전용 84㎡ 시세가 2017년 8월에 7억 8천만 원으로 2년 사이 22.5% 올랐다. 반면에 같은 기간 인근 단지인 래미안 신당

지하철 노선 수에 따른 전용 59m² 아파트 매매값 추이

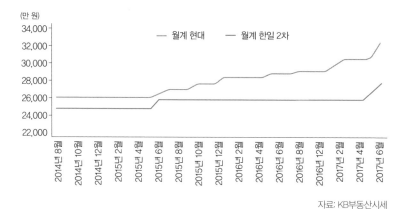

(만 원)

— 월계 현대   — 월계 한일 2차

자료: KB부동산시세

지하철 노선 수에 따른 전용 84㎡ 아파트 매매값 추이

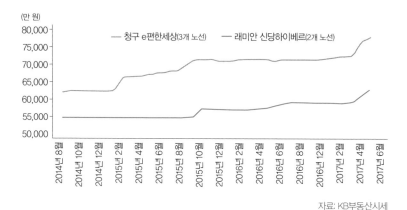

(만 원)

— 청구 e편한세상(3개 노선)   — 래미안 신당하이베르(2개 노선)

자료: KB부동산시세

하이베르 전용 84m²는 5억 5천만 원에서 6억 3천만 원으로 12.7% 오르는 데 그쳤다. 래미안 신당하이베르는 지하철 2·6호선 더블역 세권 단지다.

또한 지하철 1·6호선 석계역과 경춘선 광운대역을 도보로 이용할 수 있는 노원구 월계동 월계 현대의 경우 전용 59m²는 3년 동안 2억 6,250만 원에서 3억 2,500만 원으로 19.2% 상승한 반면, 인근 더블 역세권 단지인 월계 한일2차는 고작 10% 올랐다.

주거만족도를 고려해 가격을 좀더 지불하고서라도 생활편의가 좋은 도심권에 거주하려는 사람들이 많아졌다. 이 같은 상황에서 교통이 잘 마련된 다중역세권 아파트는 임대수요가 탄탄해 투자해볼 만하다.

자연의 가치가
앞으로 더 커진다

다이아몬드와 샤넬백이 비싼 이유는 찾는 사람은 많은데 물량은 귀하기 때문이다. 즉 희소성의 가치다. 이처럼 역세권 아파트가 귀한 것도 개발 부지 고갈 상태에서 편리한 역을 이용할 수 있는 집이 귀하기 때문이다. 앞으로 희소성에서 부각될 요소는 숲 같은 녹지다.

내 집 마련을 할 때 중요한 요소들이 각각 있을 것이다. 집을 구할 때 직장과의 거리를 가장 먼저 따지는 사람이 있고, 자녀 교육을 생각해 명문학군을 따라 집을 옮기는 사람도 있을 것이다. 뿐만 아니라 지하철역과의 거리 혹은 언제 어디서나 자유롭게 산책할 수 있는 녹지공간을 우선시 하는 사람들도 있다. 그 외 편의시설이 풍부한 곳, 유흥가가 없는 조용한 곳 등을 찾는 사람도 있다.

개개인의 욕심을 모두 충족시키는 집을 찾기는 쉽지 않을테지만, 이 2가지만 체크하면 향후 삶의 만족도도, 시세차익도 놓치지 않을 것이다. 바로 지하철역과의 거리와 녹지다.

지하철역은 오래전부터 현재까지 집값을 결정하는 중요한 요소로 작용하는 불변의 법칙으로 자리매김해 오고 있다. 그리고 100세 시대를 맞아 건강하게 사는 방법에 관심이 많다. 집 자체만을 기준으로 하면 바로 녹지다. 갈수록 심각해지고 있는 미세먼지만 예를 들어도 마음 편히 숨 쉬고 활동할 수 있는 것 자체만으로도 큰 행복이 되고 있다. 앞으로는 집을 선택하는 데 있어 역세권의 가치보다 녹지의 가치가 높아질 것이다.

미세먼지 기승에 몸값 뛰는 '숲세권'

아침에 눈을 뜨면 미세먼지 수치부터 확인하는 하루의 시작이 당연시되고 있다. 미세먼지 수치에 따라 그날 할 일이 달라지기도 한다. 아이들이 있는 가정은 미세먼지의 예민도가 클 수밖에 없다.

환경부 대기질통합예보센터에 따르면 2017년 1~3월 서울의 초미세먼지(PM2.5) 농도 '나쁨'(m³당 81~150㎍) 발생 일수는 14일이나 되었다. 전년도에는 2일에 그쳤지만 2017년에는 무려 12일이나 늘어났다. 미세먼지는 건강에 치명적이다. 협심증과 뇌졸중에 영향을 줄 뿐만 아니라 폐에 침투해 염증을 일으키고, 피부를 손상시키면서 아토피, 탈모 등의 원인이 된다.

미세먼지가 심각한 사회문제가 되면서 공원과 숲의 가치가 더 높아지고 있다. 실제로 나무가 미세먼지 농도를 낮추는 효과가 있기 때문이다. 산림과학원이 2017년 4월부터 비교 측정한 결과, 숲속의 미세먼지는 바깥보다 평균 10~20㎍(마이크로그램·1㎍은 100만분의 1g) 정도 낮게 나타났다. 숲속의 나무가 공기청정기 역할을 하는 셈이다. 나무 한 그루가 흡수하는 미세먼지는 1년에 35.7g, 나뭇잎 표면의 거친 섬유 조직이 필터 역할을 해 미세먼지를 붙잡는 것이다. 국립산림과학원에 따르면 숲이 무성한 곳의 미세먼지 농도는 숲이 없는 지역에 비해 평균 10~20㎍ 정도 낮게 나타났다.

이렇다 보니 대규모 공원과 숲을 곁에 둔 단지의 인기가 늘고, 단지 내부에 녹지를 풍부하게 꾸미는 공원형 아파트 설계는 기본이 되고 있다. 여기에 미세먼지와 관련한 각종 기술도 선보여 IoT(사물인터넷) 기술을 넘어선 환경을 고려한 스마트홈이 생겨나고 있다.

숲세권 아파트는 청약 결과에서도 돋보였다. 부동산리서치 전문업체 리얼투데이가 금융결제원 자료로 청약경쟁률을 살펴본 결과, 2016년 5월부터 2017년 5월 사이 전국 경쟁률 상위 20개 아파트 중 15곳은 지하철역보다는 공원과 숲의 거리가 더 가까운 것으로 조사되었다.

앞으로 건강에 대한 관심도는 더 높아질 것이다. 또한 개발 부지가 고갈되어 녹지에 대한 비중은 더욱 줄어들 수밖에 없기 때문에 공원 등의 녹지의 희소가치는 더 커질 수밖에 없다.

삶의 만족도를 높이는, 숲을 품은 역세권 아파트

역세권 아파트와 숲세권 아파트는 가족을 중시하는 사회적 인식 변화로 인해 퇴근 후 가족과 함께 보내려는 트렌드와 연관이 있다. 역세권 아파트는 출·퇴근 시간의 최소화를 통해 가족과 함께할 수 있는 시간을 늘릴 수 있다. 숲세권은 언제든지 가족들과 함께 산책과 여유를 즐길 수 있는 공간이 제공된다. 때문에 역세권과 숲세권은 내 집 마련에 있어 모두 포기할 수 없는 요소들이다.

수요자들이 많은 만큼 하나의 요소만 갖춘 단지보다 2가지 요소를 충족시키는 단지의 집값이 더 높을 수밖에 없지 않을까?

대규모 공원과 역세권을 한 번에 누리는 동네는 그 지역 내에서도 집값이 가장 비싸게 형성이 된다. 서울 강남구에서는 지하철 신분당선·3호선 그리고 양재천, 구룡산을 누리는 개포동, 서초구에서는 한강공원과 지하철 3·7·9호선, 그리고 한강변 등을 누리는 반포동, 송파구에서도 지하철 2호선과 한강변을 누리는 잠실동이 가장 비싸다. 서울 강북권이나 지방에서도 상황은 마찬가지다. 용산구는 서빙고동, 이촌동, 그리고 성동구는 성수동, 부산에서는 광안리와 해운대 바다와 접해 있는 수영구와 해운대구가 가장 비싸게 집값이 형성되어 있다.

실제로 집값에서도 차이가 난다. 전국에서 집값이 가장 비싼 동네는 서울 강남구 개포동이다. 개포동 내에서도 가장 비싼 아파트는 개포주공1단지다. 개포주공1단지는 강남구의 대표적인 저층 단지인데다가 강남 최대 규모 재건축 아파트라는 메리트도 있다. 뿐만 아니라 지하철 3호선 매봉역, 분당선 구룡역 역세권이며 개포주공1단지

서울 자치구별 집값이 가장 비싼 동네

※ 2017년 7월 기준

지역	3.3m²당 평균 매매값 (만 원)	지역 특징
강남구 개포동	8,856	양재천, 달터공원, 지하철 3호선, 분당선
강동구 상일동	3,319	명일공원, 지하철 5호선
강북구 미아동	1,332	북서울숲, 지하철 4호선
강서구 마곡동	2,191	한강공원, 지하철 5호선·9호선
광진구 광장동	2,122	한강공원, 지하철 5호선
동작구 동작동	2,188	한강공원, 국립현충원, 지하철 4호선·9호선
서초구 반포동	4,955	한강공원, 지하철 3호선·7호선·9호선
성동구 옥수동	2,538	한강공원, 매봉산, 지하철 3호선, 경의중앙선
송파구 잠실동	3,712	한강공원, 석촌호수, 지하철 2호선·9호선(예정)
양천구 목동	2,555	한강공원, 안양천, 지하철 5호선·9호선
용산구 서빙고	3,140	한강공원, 지하철 4호선, 경의중앙선

자료: KB부동산시세

내에는 1만 4,212m² 규모의 대규모 공원이 들어서게 되고, 구룡산과 양재천, 달터근린공원 등이 가까워서 주거 환경도 쾌적한 역세권과 숲세권이라는 두 마리 토끼를 모두 잡은 대표적인 단지로 꼽힌다.

판교신도시는 신분당선을 도보로 이용할 수 있는 백현동과 삼평 동 집값과 도보권이 아닌 운중동과 판교동 집값 차이가 크다. 특히 백현동 판교푸르지오그랑블은 신분당선 판교역이 가장 가깝고, 화 랑공원, 상업지구가 가까이 위치해 판교신도시 내에서 몸값이 가장 높다. 아파트 매매값은 3.3m²당 3,011만 원 선으로 운중동 최고가 아 파트인 산운마을10단지 대광로제비앙(3.3m²당 2,406만 원)보다 605만 원가량 높게 형성되어 있다.

신도시 중에서도 집값 오름폭이 적은 곳 중 한 곳이 일산신도시로 일산은 분당과 같은 1기 신도시이지만 집값 상승이 참 더딘 지역이다. 하지만 일산 내에서도 호수공원 주변 집값 상승 폭은 남다르다. 일산호수공원을 앞마당처럼 이용할 수 있는 일산 주엽동의 문촌(16단지뉴삼익), 우성19단지는 3.3m²당 평균 매매값이 각각 1,490만 원, 1,461만 원으로 주엽동에 위치한 아파트 중 가장 비싸다. 같은 주엽동에 위치해 있지만 일산호수공원과 거리가 멀고 조망이 안 되는 단지들은 3.3m²당 925만~980만 원 선으로 1천만 원 이하인 것을 감안하면 호수공원 프리미엄이 3.3m²당 무려 400만 원 이상이 되는 것이다.

2013년 말에 부동산시장 한파 속에 고분양가로 분양했지만 분양 성공은 물론 프리미엄까지 붙었던 서초구 반포동 아크로리버파크 역시 반포한강공원의 희소가치와 지하철 9호선을 모두 걸어서 이용할 수 있었던 입지적 요인이 컸다.

집을 살 때 눈여겨볼 만한 대규모 공원들은 어디가 있을까? 우선 서울에서는 서울숲, 용산민족공원, 월드컵공원, 올림픽공원과 북서울꿈의숲이 있다. 그리고 최근 희소가치가 특히 부각되고 있는 한강변 주변 집들이라면 사서 절대 후회가 없을 것이다.

서울을 제외한 수도권에서 주목되는 공원은 인천 송도국제도시를 대표하는 송도센트럴파크가 있다. 택지지구, 신도시 등의 개발이 활발한 경기도에서는 중앙공원과 호수공원 주변 아파트를 주목할 필요가 있다. 앞서 먼저 조성된 일산호수공원, 그리고 뜸했던 광교신도시와 인기를 끄는데 원천적인 역할을 한 광교호수공원 등이 있다.

　택지지구나 신도시 내 들어서는 중앙공원도 집값 상승에 주도적인 역할을 한다. 중앙공원은 택지지구 내 주민들에게 삶의 휴식처가 될 뿐만 아니라 넓게는 관광 명소로도 자리매김한다. 때문에 그 지역 내에서도 아파트가격 선도역할을 한다.

강남 접근이 빨라지면
집값은 훌쩍 뛴다

아파트 투자에 있어 실패하지 않는 조건 중 하나가 단연 강남 접근성이다. 앞으로 강남 접근성이 좋아진다는 것은 성장할 수 있는 가치가 있다는 것을 의미한다. 강남으로 얼마나 빨리 이동할 수 있는가에 따라 집값은 크게 달라진다.

　대표적으로 경기도 과천시와 분당의 집값을 보면 알 수 있다. 경기도 과천시, 분당시의 경우 강남권으로 주목받으며 경기권 대표 부촌 지역으로 자리매김하고 있다. 먼저 과천시는 지하철 4호선 과천역과 과천대로, 우면산로, 서초대로를 이용해 강남역까지 20분대 접근이 가능한 지역이다. 분당신도시는 신분당선을 통해 강남까지 10분대에 진입이 가능하다. 분당신도시가 일산신도시와 집값 차이가 나는 이유 역시 강남 접근성을 꼽을 수 있다.

　판교신도시를 비롯해 광교, 그리고 최근에는 하남 미사지구, 남양주 다산신도시가 수요자들에게 인기를 한몸에 받고 있는 이유도 서울 접경지역 중 강남 접근성이 좋은 입지적 장점이라고 본다.

사람들이 '강남, 강남' 노래를 부르는 이유는 뭘까? 대한민국에서 집값, 그리고 땅값이 가장 비싼 지역이 강남이다. 일각에서는 강남 부동산가격이 거품이라고 하지만 강남은 전혀 아랑곳하지 않고 더 오르고 있다. 강남지역 아파트가격 상승 속도 역시 다른 지역과 비교할 수 없을 정도다.

경실련(경제정의실천시민연합)의 지난 2017년 3월 '대한민국 50년 땅값 변화 분석' 자료에 따르면 우리나라 땅값은 1967년 1조 7천억 원에서 2017년 2월 8,400조 원으로 50년간 4천 배 폭등했다. 여기서 주목되는 부분은 강남지역 아파트가격이다. 압구정현대 등 강남 3구(강남·서초·송파)의 아파트 3.3㎡당 가격은 1988년 285만 원에서 2017년 4,536만 원으로 16배 상승했고, 목동을 포함한 강북 지역은 315만 원에서 2,163만 원으로 7배 상승했다.

이렇게 강남 집값 상승이 압도적으로 높은 것에는 다 이유가 있다. 강남은 다양한 행정시설, 문화시설, 편의시설, 그리고 업무지구가 몰려 있다. 모든 인프라가 고급으로 갖춰져 있기 때문에 그것을 자주 활용하기 위해서는 강남으로 들어가는 수밖에 없던 것이다. 또한 이러한 강남과의 접근성은 곧 부동산 가치를 결정하는 요소이기도 하다.

강남이 비싼 이유는 명문학군, 편리한 교통망, 풍부한 기반시설

강남 집값이 비싸고, 강남 접근성을 중요시하는 이유를 좀더 세부적으로 살펴보자. 강남에는 좋은 교육시설이 있다. 강북지역의 과밀인구를 분산시키기 위해서 1970년대 강남지역을 개발했고, 강북 수요 유인책으로 명문학교들이 강남으로 이전했다. 1976년 경기고(화동 → 삼성동), 1977년 휘문중고(계동 → 대치동), 1979년 서울고(신문로 → 서초동), 1981년 숙명여고(수송동 → 도곡동), 1988년 경기여고(정동 → 개포동) 등으로 이전했다. 이로 인해 강남 8학군 교육 특구가 시작되었다.

우리나라에 맹모(孟母: 맹자의 어머니)들이 사라지지 않는 이상 강남의 명문학군을 쫓아오는 수요도 막을 수가 없다. 특히 문재인 정부 출범 뒤에 교육부는 자사고, 외고 등이 일반고보다 먼저 학생을 뽑게 해 우선권을 줬던 것을 폐지했다. 이는 뭘 얘기하는 걸까? 강남 집값은 불패이지 않을까?

교육시설 다음은 잘 정리된 교통망이다. 서울의 교량 건설과 고속버스터미널의 강남 이전은 강남 활성화에 큰 역할을 했다. 서울시에서는 1969년에 완공된 제3한강교(지금의 한남대교) 외에 1972년 잠실대교를 시작으로 영동대교, 잠수교, 잠실철교, 성수대교, 반포대교, 동호대교 등 교량을 연이어 개통했다. 이들은 강남과 도심과의 접근성을 향상시켰으며, 특히 이들 교량은 단순히 강남지역 외에 서울의 도심부와 위성도시와의 연결고리 역할을 하면서 이후 서울의 생활권 형성에 큰 영향을 미쳤다.

1980년대 초까지 강남 신시가지는 영동과 잠실지구에 머물렀으나, 그 이후 양재천 남쪽과 탄천 동쪽으로의 확장되었고 공한지들이 개발되기 시작했다. 동호대교와 지하철 2·3·4호선의 개통, 양재대로의 개통으로 인해 교통이 편리해지면서 자가용이 보편화되어 강남시가지는 성숙단계에 접어들게 되었다. 지하철과 교량의 건설로 인해 강북의 시가지와의 교통시간이 단축되면서 한강변에도 아파트가 많이 들어오게 되었다.

교통 개발계획들을 살펴보면 지하철뿐만 아니라 교통이 신설된다고 하면 대부분이 강남과 연결되는 걸 알 수 있을 것이다. 강남으로 사통팔달(四通八達: 사방으로 통하고 팔방으로 닿아 있음) 연결이 되니 수요가 강남으로 몰리게 되고, 자연스레 돈도 따라올 수밖에 없지 않겠는가.

기반시설들도 강남을 중심으로 발달된다. 강남 일대의 인구가 늘자 당연히 상업 및 편의시설에 대한 요구도 커지게 되었다. 지하철 2·3호선 주요역의 역세권과 간선도로변에 상업건물과 사무실건물 등이 자리 잡았다. 강북 도심은 이미 업무용 토지가 고갈되었고 교통 혼잡, 주차공간 부족, 임대료가 높았지만 강남지역은 간선도로변의 대규모 획지 개발을 미루어왔기 때문에 건물부지로 적합한 가용토지가 많았다. 게다가 교량이 많이 건설되면서 접근성도 크게 향상되었다. 따라서 주거지를 위해 개발되던 강남개척의 역사는 1980년대 후반부터 새로운 국면을 접하게 된다. 기존의 주거지 중심에서 업무, 문화 등의 신기능이 부가되고 강남은 또 다른 서울로 부상하기 시작했다.

새로운 기능 중심지로 주목받던 지역은 테헤란로와 주요 간선도로가 지나는 삼성동, 서초동, 그리고 강남역 주변이었다. 특히 이 일대에 예술의 전당과 국립도서관 등 문화시설과 한국종합무역센터 등 주요 업무시설의 입지는 이 일대 개발의 촉매제로 작용했다. 또한 1984년 교대역에서 삼성역을 지나는 지하철 2호선의 준공과 함께 서울 각 지역으로의 접근성이 향상되고, 간선도로변 대규모 획지 개발을 완성하는 테헤란로 도시설계를 통해 강남은 중심업무지구로서 그 입지를 확고히 했다.

신도시 집값은 강남 근접성에 따라 비싸다

신도시 아파트가격이 서울 강남과 가까울수록 비싼 것으로 나타났다. 3.3m²당 평균 아파트 매매가를 보면 강남과 가까운 판교와 위례 신도시는 2천만 원을 훌쩍 넘었지만 강남과 먼 파주 운정신도시는 1천만 원을 넘지 못했다.

2017년 3월 기준으로 신도시 평균 아파트 매매값을 분석한 결과, 아파트가격이 가장 비싼 신도시는 판교로 조사되었다. 판교 아파트가격은 3.3m²당 2,479만 원이었다. 위례신도시 아파트 매매가는 3.3m²당 2,323만 원으로 뒤를 이었다. 판교와 위례신도시 아파트가격은 서울 아파트 평균 매매가(1,924만 원)보다 비싸다.

국토부 실거래가 시스템에 따르면 2017년 2월 판교신도시에 속하는 경기 성남시 분당구 백현동 판교푸르지오그랑블 전용 97m²는 11억 5천만 원에 거래가 신고되었다. 3.3m²당 무려 3천만 원이 넘는 셈이다.

판교와 위례신도시는 서울 강남과 가깝다. 지하철 신분당선을 타면 판교역에서 강남역까지 4정거장 만에 도착한다. 위례는 송파구와 인접해 있고, 지하철과 버스로 강남까지 35분 정도면 닿을 수 있다.

신도시 아파트 3.3㎡당 평균 매매가와 각 신도시에서 강남역까지 걸리는 시간

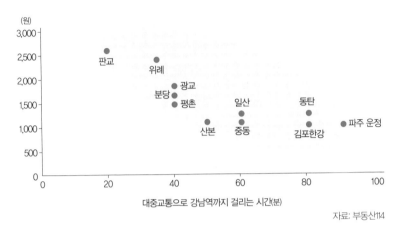

자료: 부동산114

　판교와 위례 다음으로 3.3m²당 아파트가격이 비싼 신도시는 광교
(1,797만 원), 분당(1,615만 원), 평촌(1,426만 원) 순이었다. 광교신도시에
속하는 경기 수원시 영통구 이의동 광교자연앤힐스테이트는 2017년
2월 전용 84m²가 6억 3천만~7억 원으로, 3.3m²당 2천만 원 내외에
거래된 것이다. 광교와 분당은 각각 지하철 신분당선과 분당선을 이
용하면 강남까지 40분 정도 걸린다. 평촌도 지하철 4호선과 버스로
강남권까지 비교적 쉽게 접근할 수 있다.

　동탄과 일산 평균 아파트 매매값은 각각 3.3m²당 1,230만 원,
1,178만 원이었다. 중동신도시(1,087만 원)와 산본신도시(1,060만 원)가
그다음이었다. 동탄과 중동, 산본은 판교나 위례, 광교, 평촌보다 강
남까지 가는 데 시간이 더 걸린다. 일산도 강북 도심권과는 가깝지
만 강남과는 상대적으로 거리가 멀다.

강남과 연결되는 지하철 연장선을 잡아라

이러한 이유로 우리는 역세권 중에서도 강남과 연결되는 역세권을 주목해야 한다. 그리고 앞으로 좀더 높은 시세차익을 원한다면 개통을 앞두고 있는 강남과 통하는 역세권을 찾는 것이 중요하다.

지하철 1~9호선의 경우 1호선이 소요산역에서 연천군까지, 3호선이 대화역에서 파주 통일동산까지, 4호선이 당고개에서 남양주시까지, 5호선이 상일동역에서 하남시까지, 6호선이 봉화산역에서 구리시까지, 7호선이 인천역에서 인천 청라지구까지, 의정부역에서 양주시까지, 8호선이 암사동역에서 남양주시까지, 9호선이 잠실운동장역에서 강동구까지 연장될 예정이다.

여기서 강남과 연결되는 노선 중 주목되는 노선은 지하철 5·8·9·신분당선도 주목할 필요가 있다.

5호선의 경우 여의도와 광화문 등지의 업무지구를 관통하고 신흥 주거지로 주목받는 공덕과 왕십리 등이 노선에 포함되었다. 추가로 연장되는 5호선 연장선은 5호선 종점인 서울 강동구 상일동(상일동역)에서 미사강변도시를 지나 하남시 창우동까지 연결되는 노선이다. 총 7.7km로 전체 구간이 지하에 건설된다. 상일동~풍산동(강일역~미사역~풍산역)을 잇는 1단계 구간은 2018년 말, 풍산동~창우동(덕풍역~검단산역) 2단계를 포함하는 전체 구간은 2020년에 개통 예정이다. 경기도는 지하철 5호선 연장선을 하루 평균 10만여 명이 이용할 것으로 예상하고 있다.

무엇보다 대규모 택지개발지구인 미사강변도시를 포함해 하남지역 주민들의 서울 도심 접근이 쉬워지는 것이 가장 큰 장점이다. 경기도에 따르면 지하철 5호선 연장선 종점인 창우동에서 서울 종로 3가까지 40분 정도면 닿을 수 있다고 한다. 가장 수혜가 되는 지역은 경기도 하남 미사지구이며, 서울에서도 강동구가 지하철 8호선과 9호선 연장까지 맞물리면서 큰 혜택을 받을 것이다.

지하철 8호선 연장 별내선은 서울시 구간은 현재 서울 지하철 8호선 종점역인 암사역에서 시작해 한강 하부를 지하로 통과해 구리시 토평동까지다. 3.72km로 발주 공사비는 2,797억 원이다. 1공구 위치는 암사동~암사현대홈타운으로 기타공사로 시행된다. 2공구 위치는 암사 현대홈타운~구리시 토평동으로 대안공사로 시행된다. 2022년 완공을 목표로 한다. 지하철 8호선이 연장되면 남양주시 별내와 구리시가 서울시 강동구 암사동과 바로 연결된다. 수도권 동북부지역 주민의 서울 강남권 접근성이 좋아질 것이다.

여의도와 강남 일대 업무지역을 동서로 관통하는 지하철 9호선역시 포함된 역 주변 주거단지들의 땅값을 높인 '황금라인'으로 평가받는다. 사업 진행중인 지하철 개통 예정 노선 중에서 9호선 효과가 가장 크지 않을까 예상한다.

9호선의 경우 급행열차 시스템이 발달해 일반역과 급행정차역의 역세권 가치가 다른 노선에 비해 큰 편이다. 지하철 9호선은 1~2단계 구간만 개통된 상태로 강서구 개화역에서 강남구 신논현역을 거쳐 송파구 종합운동장역까지 운행중이다. 1단계 구간인 개화역~신논현역이 2009년 7월 개통했고, 신논현역 이후 언주역~종합운동장역이 2015년 3월 개통한 2단계 구간이다. 종합운동장부터 강동구 둔촌동 중앙보훈병원까지 3.2km에 거친 3단계 구간에는 8개 정거장이 신설된다. 2018년 10월에 개통될 예정이다. 마지막으로 4단계 연장 구간(보훈병원~강일) 고덕역(가칭)이 2025년에 개통될 예정이다. 4단계까지 연장되면 고덕동에서 30분 이내로 환승 없이 한 번에 강남권에 닿을 수 있게 된다.

대규모 개발 여부에 따라
집값은 천국과 지옥을 오간다

'승천 못한 이무기 신세'는 한때 서울 용산을 빗댄 말이다. 2013년 '단군 이래 최대 사업'으로 일본 롯본기힐스를 넘어서 세계 최대 규모의 복합단지를 꿈꾸던 서울 용산의 국제업무지구 개발이 무산되면서 폭삭 가라앉은 용산 부동산시장을 표현한 것이다.

2014년도 개별공시지가 결정·공시에 따르면 2008년 21.8%까지 상승했던 용산구 개별공시지가는 용산국제업무지구 개발이 무산되었던 해인 2013년에는 25%로 폭락했다. 당시 용산역 주변을 중심으로 곳곳이 슬럼화되었고 주택 거래는 끊겼다. 재개발사업 추진 여부도 불투명했다. 대규모 개발호재가 그 지역에 얼마나 큰 영향을 주는지를 보여주는 대표적인 사례다.

대규모 개발이 무산되면 재앙이 될 수 있다

부동산시장은 대규모 개발사업의 진행 여부에 따라 가격은 천국과 지옥을 오가기도 한다. 앞서 예시로 들었던 용산국제업무지구 개발

사업이 대표적이다. 용산은 국제업무지구 개발사업과 용산민족공원 등 대규모 개발사업이 쏟아지면서 집값이 전국에서 최고 상승률을 기록하기도 했지만, 개발사업이 무산되면서 대폭락을 경험했다. 용산국제업무지구 사업이 무산된 이후 2015년 서울 집값이 모두 살아날 때도 용산국제업무지인 한강로 집값은 꿈적도 하지 않았다.

그 이후 용산은 대규모 개발사업들이 탄력을 받으면서 다시 한번 날기도 했다. 용산 미군기지 이전이 본격화하면서 243만㎡ 규모의 초대형 국책사업인 용산민족공원 조성을 가시화했고, 서울시의 용산마스터플랜과 신분당선 연결 등 대형 호재가 줄줄이 예정되면서 투자자들의 기대가 높아졌다. 이런 효과로 1주일 만에 1억 원이 훌쩍 오르는 용산으로 바뀌기도 했다.

인천 중구의 경우도 개발계획에 따라 땅값이 오르락내리락 반복했다. 이곳은 영종도를 중심으로 한 초대형 카지노 및 관광 위락시설인 '용유무의 에잇시티' 사업이 추진되면서 2013년 초까지 땅값 상승세가 이어졌다. 하지만 2013년 8월 자본 유치 실패로 사업이 무산된 후 땅값이 속절없이 떨어지면서 2013년 들어 누적 땅값 변동률은 -0.29%로 인천 평균 0.64%를 크게 밑돌았다.

하지만 다시 1년 만에 상황이 바뀌었다. 영종도 카지노 개발호재로 인근 땅값은 급등하고 반토막이 났던 아파트가격도 오름세로 돌아섰다. 영종도 미단시티와 가까운 운북동과 운남, 중산동 일대 중심지는 카지노 허가 이후 땅값이 20~30% 급등하기도 했다.

대규모 개발은 또 다른 대규모 개발호재를 불러온다

강남을 뛰어넘는 판교신도시를 만든 장본인이기도 한 판교알파돔시티도 한때는 사업지 조달의 어려움으로 사업 무산 위기를 겪기도 했다. 하지만 사업이 다시 재개되면서 2015년 11월에는 931가구의 알파리움 주상복합 아파트가 입주했고, 2018년에는 판교알파돔시티 사업이 완공된다. 지난 2013년 6월 분양한 알파돔시티 내 주상복합 아파트 알파리움은 3.3㎡당 1,800만 원에서 2년 만에 3천만 원까지 치솟으며 60% 넘게 프리미엄이 붙었다. 인근 부동산가격도 상승곡선이다. 현대백화점과 가장 가까운 백현마을1단지 푸르지오그랑블 전용 117㎡는 2016년 9월 12억 5천만 원에 거래되었지만, 1년 후인 2017년 9월에는 무려 3억 원가량이 올라 15억 2천만 원에 거래되었다.

대규모 개발호재는 이후 다른 대규모 개발호재를 불러오는 효과까지 기대할 수 있다. 평택은 미군기지 이전 개발을 비롯해 평택고덕신도시 개발계획이 진행되었고, 그에 따른 수요 유입이 커질 것을 감안, 경기도는 평택고덕신도시 SRT 역사 설치건에 대한 지속적인 건의로 확정되었다.

평택지역은 수서~평택 간 SRT 개통으로 수서역까지 2개 정거장으로 약 20분이면 도착해 서울과의 접근성이 획기적으로 개선되었다. 또한 삼성전자의 반도체공장 건설과 LG전자가 입주하는 진위2 산업단지, 미군기지 이전 등도 계획되어 있다. 특히 고덕국제신도시는 1,341만 9천㎡ 부지에 다양한 산업체들이 들어서며 계획 인구가 14만 명에 달하는 대형 개발지역이다. 이와 함께 2019년까지 시청 등 국가행정기관 이전을 통해 행정타운이 개발되고 동시에 2020년까지 국제교류단지, 에듀타운 등 기존 신도시들과는 차별화된 국제신도시가 건설될 예정이다.

대규모 개발호재에 봇물을 맞은 평택 부동산은 하늘을 날고 있다. 지난 2012년 6,441건에 불과했던 평택 아파트 거래량은 2014년 8,497건, 2015년 1만 1,936건, 2016년 2만 2,906건으로 늘어나면서 집값도 뛰었다. 2010년 3.3m²당 553만 원이었던 평택 평균 아파트 가격은 2016년 12월 말에 712만 8천 원으로 7년 사이에 28.89% 올랐다. 땅값도 상승세로 2016년 1분기(1~3월) 평택 지가 상승률은 0.59%로 전국 평균(0.56%)과 경기도 평균(0.37%)을 웃돌았다.

대규모 개발호재를 따라 들어갈 때 이것만은 체크하라

대규모 개발호재가 있는 지역 내 주택들은 앞으로 높은 수익률을 기대할 수 있다. 특히 해당 지자체의 개발계획이 대규모 개발호재와 맞물려 추진될 경우, 사업 진척도에 따라 부동산가격이 추가 상승할 여지가 높고 주의해야 할 점도 많다.

기존 개발사업이 현 정부의 개발계획과 상충되는 경우도 적지 않게 발생할 수 있다. 일반적으로 새 정부가 들어서면 이전 정부가 추진했던 개발계획을 그대로 받아들이지 않는 경우가 생긴다. 특히 정권이 여권에서 야권으로 바뀔 때에는 개발보다는 복지에 초점이 맞춰지는 정책 중심이어서 개발계획이 무산되는 경우가 더 크다.

그래서 안정적으로 투자하는 방법은 사업 추진이 어느 정도 되었는지 알아보는 것이다. 최상위계획인 국토기본계획에서 이미 명문화되고, 그에 따라 이미 착공에 들어간 개발계획이라면 무효화시킬

수는 없다. 비록 여러 논란이나 다소의 지연이 있더라도 사업 진행은 계획대로 추진되는 경우가 많다.

여기서 또 한 가지 주목해야 할 부분은 바로 개발계획의 축소 가능성이다. 대표적으로 혁신도시가 그러하다. 특히 공기업 이전을 통한 혁신도시 건설은 그 실효성의 문제가 지속적으로 나오고 있다.

대규모 개발계획이 중단되거나 연기되면 집값 폭락과 같은 단기적인 영향뿐 아니라 장기적으로도 부정적인 심리를 키우게 된다.

개발 흐름도를
자세히 파악하라

개발도 흐름이 있다. 시대에 따라 개발 중심축도 달라지기 때문이다. 과거 개발 중심축은 경부고속도로를 기점으로 접근이 편리한 이점을 살려 분당, 판교, 동탄, 평택 등의 경부축이었다. 이유는 기존 고속도로를 활용할 수 있어 도로 등 인프라 투자비가 적게 들며, 강남권과 가까워서 아파트 분양성공률도 높다는 판단에서다. 때문에 경부축은 그동안 전국 주택시장의 바로미터(barometer: 기압계) 역할을 해왔다.

그동안 경부축에 치우쳐 있던 개발이 사실상 한계에 다다르면서 경부축 대신 거점별로 새로운 개발축이 생기고 있다. 수도권 개발축은 중부축으로 옮겨갔으며, 앞으로는 서북부와 서남부로 옮겨갈 것이다.

교통의 중심이자 개발의 중심이었던 경부축

경부고속도로는 1970년대 개통된 이후 현재까지도 대한민국 교통의 중심축 역할을 담당하고 있다. 경부축 주변은 교통여건이 좋은 만큼 출·퇴근이 수월해 주거선호도가 높다. 또 주요 개발도 경부축을 중심으로 이뤄지면서 기업과 사람이 모이며 부동산가격을 선도하고 있다.

경부축은 서울 한남대교에서 출발해 경부고속도로를 타고 지나는 강남권, 성남, 용인, 수원, 화성 등 수도권 핵심 주거권역을 말한다. 이 권역에서 분당을 비롯한 판교, 광교, 동탄 등 신도시 등 4개의 신도시와 다수의 택지지구도 포함되어 있을 뿐만 아니라 버블세븐 중 5곳이 경부축에 속할 정도로 과거 전국 부동산시장의 핵심지 역할을 했다.

좀더 자세히 들여다보자. 1970년 중반 강남 개발이 이뤄진 이후 1990년 초반에 1기 신도시 개발이 이뤄졌다. 이때 분당신도시 중심으로 개발이 이뤄졌다. 1992년 입주와 함께 본격적으로 기반시설이 갖춰지면서 강남 부유층들이 분당으로 이동했다. 그리고 분당신도시가 건설되면서 서울에 본부를 두었던 각종 공기업들(한국토지공사, 한국통신, 한국가스공사, 대한주택공사 등)이 분당으로 이전했다.

이후 1990년 중반에는 분당의 배후지로 용인 수지구가 주목을 받았다. 1973년에 10만 명에 불과했던 용인시의 인구는 용인 수지구의 개발로 2002년에는 50만 명을 돌파했다. 이후 2000년대 초중반에 걸쳐 동탄과 판교신도시 개발이 이뤄졌다. 동탄과 판교신도시에 이어 최근에는 평택으로 개발축이 옮겨가긴 했지만, 크게는 수도권 개발 시장은 경부축에서 중부축으로, 그리고 서북축과 서남축으로 이동하고 있다.

개발축, 경부축에서 중부축으로

경부고속도로 라인을 기준으로 형성되었다면 최근에는 중부고속도로 라인으로 옮겨가고 있다. 위례신도시, 하남 미사강변도시, 남양주 다산신도시, 강동 고덕과 둔촌지구 등 최근의 개발 양상은 서울 및 수도권 개발축이 경부축에서 중부축으로 넘어가고 있음을 확연히 보여준다.

2000년 후반대에 정부는 강남 수요를 대체하기 위해 위례신도시 개발을 추진했다. 위례신도시는 서울 강남과 분당 사이에 조성되는 신도시로 송파권역의 최동단에 위치해 경부축과 중부축 사이에 있지만 직선 거리상으로는 중부축에 좀더 가깝다. 송파구와 경기도 성남시, 하남시 일원에 조성되는 위례신도시는 2009년 6월에 실시계획 승인, 2010년 하반기에 첫 분양을 시작해 2013년부터 입주가 시작되었다. 위례신도시는 신도시 중에서도 유일한 강남권이다 보니 시세 오름폭도 컸다. 2016년 7월 입주를 시작한 위례신도시 자연앤래미안e편한세상 전용면적 84m²은 분양가보다 4억 원 이상이 오른 9억 원에 거래되고 있다.

위례신도시에 이어 하남 미사지구 개발이 이뤄졌다. 국토부는 2009년 서울 등 수도권 그린벨트를 풀어 개발하는 '보금자리주택지구' 4곳의 805만 6천m²를 시범지구로 선정했다. 이 4개 지구는 서울 강남 세곡지구(94만m²), 서초 우면지구(36만 3천m²), 고양 원흥지구

(128만 7천㎡), 하남 미사지구(546만 6천㎡)이다. 4개 지구 가운데 하남 미사지구는 개발면적이 500만㎡를 넘어 사실상 '신도시'로 개발된다. 평촌신도시(510만㎡)보다 크고 인근 송파(위례)신도시(678만㎡)보다는 약간 작은 규모다. 경기도 하남시는 서울 강동구와 바로 인접해 있어 사실상 서울생활권이나 다름없다. 미사강변제일풍경채 전용 84㎡는 4억 8천만 원선이었던 분양가에 웃돈과 발코니 확장비 등을 합쳐 현재 6억 원대에 거래가 이뤄지고 있다.

하남 미사지구에 이어 총 475만㎡로 개발되는 다산신도시가 2013년에 개발되었다. 다산신도시는 서울시 경계와 약 5km에 위치하고 있으며, 서울외곽순환고속도로를 이용해 남양주, 구리IC로 바로 진입할 수 있는 장점으로 미사지구와 마찬가지로 큰 인기를 누렸다. 남양주 다산 진건지구 내 공동주택용지 7개 블록 공급에 294개 업체가 신청해, 148 대 1의 최대 경쟁률을 보였는데, 이는 지난 2007년 광교신도시 공동주택용지 분양경쟁률 102 대 1을 훌쩍 넘은 수치다.

'강남4구'로 불리기도 하는 강동구는 강남구와 서초, 송파구에 비해 그동안 가격 상승이 더뎠다. 대표적인 이유로 강남권에서도 외곽 지역에 위치해 있다는 점과 아파트 재건축 움직임이 상대적으로 더 디게 움직인 것을 들 수 있다. 강동구가 고덕동을 비롯해 명일동과 둔촌동 재건축 단지들이 사업 탄력을 받으면서 강남4구의 이름이 낯설지 않다. 이들 지역은 지하철 연장선을 비롯해 대규모 개발호재들이 여전히 남아 있기 때문에 앞으로 시세 상승 여력도 충분하다.

개발 부지가 고갈된 수도권, 이제 서북부 차례

경부축, 그리고 중부축으로 옮겨갔던 대규모 개발사업이 이제는 수도권 서북부로 옮겨갈 것이다. 수도권의 인구는 지속적으로 서울과 경기도 등 서울과 가까운 경기도로 이동하고 있다. 하지만 주요 수도권지역은 이미 개발할 부지가 고갈된 상태이기 때문에 그동안 개발이 이뤄지지 않은 수도권으로 개발이 이뤄질 수밖에 없다.

그래서 파주, 김포, 고양 등 수도권 서북부 주택시장이 다시 주목받고 있는 것도 같은 이유에서다. 과거 미분양 무덤이라는 오명과 달리 광역 교통망 확충, 대형 쇼핑몰 입점, 산업단지 개발 등이 가시화되면서 주거지로서의 가치를 인정받기 시작했다.

파주는 2016년 6월 국토부가 발표한 제3차 국가철도망 구축계획에 GTX·3호선 파주 연장안을 포함하면서 서울 접근성 개선에 대한 기대감으로 분위기가 반전되었다. 김포는 2019년 개통을 앞둔 김포도시철도호재가 주요한 원인으로 작용한 것으로 보인다. 고양시 역시 킨텍스와 삼성을 잇는 GTX가 2023년 개통을 앞두고 있고, 신세계 복합쇼핑몰인 '스타필드 고양'과 글로벌 가구쇼핑센터인 '이케아 2호점'이 2017년 개장한 점도 호재다.

개발이 참 더딘 지역 중 한 곳인 인천도 마찬가지다. 최대 개발 지역으로 뜨고 있는 서북부지역의 꼬여 있던 대형 사업들이 하나둘씩 해결되면서 사업 추진에 가속도가 붙고 있다. 아랍에미리트(UAE) 두바이가 5조 원을 투자하는 인천 검단 스마스트시티 조성사업이 탄력을 받고 인천시 서구 가정동 일대에 추진되는 루원시티 도시개발 사업도 단지조성 공사가 시작되었다. 사업 착수 10년 만이다.

대기업이 가는 길을
따라 가라

서울 강서구 마곡지구, 경기도 평택시, 판교신도시 등 이들 지역은 최근 몇 년간 수도권에서 가장 핫한 지역으로 꼽힌다. 이들 지역의 공통점은 무엇일까? 바로 대기업 이전이다.

판교신도시가 개발 발표되면서부터 '로또'로 불리며 모두 들어가고 싶어했던 지역이지만, 마곡지구나 평택시의 경우에는 수도권에서도 그렇게 선호지역으로 꼽히지 못했다. 그렇다 보니 집값 상승역시 인근 다른 지역에 비해 눈에 띄지 않았다. 하지만 삼성전자를 비롯해 대기업이 속속 이전하면서 판도가 달라졌다.

대기업이 이동하게 되면 많게는 수만 명 규모의 대기업 상주인력이 배후수요가 된다. 뿐만 아니라 계열사, 협력사, 식당 등 상가 관계자 등 추가 수요까지 감안하면 대기업의 이전은 하나의 도시가 형성되는 효과를 기대할 수 있다.

인구가 증가하게 되면 필요한 기반시설도 늘어날 수밖에 없다. 이동하는 수요가 많은 만큼 도로가 확충되고 지하철이 개통된다. 기본적으로 필요한 학교, 쇼핑시설, 공원 등 도시기반시설도 들어서게된다. 도시기반시설들이 속속 들어서면서 생활이 편리해지는 점도있지만 무에서 유가 창조되면서 개발 기대감까지 반영된다.

LG그룹 등 58개 기업이 들어오는 마곡지구

마곡지구는 단순한 주거 기능만 하는 택지지구가 아니다. 산업·업무

단지를 갖춘 자족형 미니신도시로 계획되었다. LG전자, LG디스플레이, LG화학 등 LG그룹 8개 계열사가 2017년부터 순차적으로 입주를 시작해 롯데, 코오롱, 이랜드 등을 비롯한 총 58개 기업이 들어오기로 했다. 산업단지는 2017년부터 단계적으로 준공되어 2020년까지 마무리될 예정이다. 마곡지구는 2009년 기반 공사를 시작해 2016년 말까지 11개 기업이 마곡지구에 자리를 잡았고, 2020년까지 총 16만여 명이 근무하는 산업단지로 변모한다.

경쟁 지역인 위례신도시, 동탄2신도시 등 수도권 신도시와 비교해 교통여건도 뛰어나다. 서울 시내 마지막 대규모 개발지인 마곡지구는 지하철 9호선 마곡나루역이 개통되면서 김포공항까지 6분, 여의도 20분대, 강남 50분대의 이동이 가능해졌다. 김포공항역에서 공항철도 노선을 이용하면 서울역과 공덕역 일대까지 20분이면 이동할 수 있다. 자동차를 이용하면 서울외곽순환도로, 올림픽대로, 강변북로, 공항로 접근이 쉽다. 서울 도심과 강남은 물론 경기 서부권 접근이 편리하고, 김포공항, 인천공항과도 가까워 기업뿐 아니라 직장인들이 선호할 만한 지역으로 꼽힌다.

마곡지구는 2014~2017년 사이 2~3년간 집값 상승기와 맞물리면서 서울 시내에서도 아파트가격이 가장 크게 급등했던 지역 중 한 곳이다. 마곡지구에 들어선 마곡동 마곡엠밸리7단지는 마곡지구 내에서도 입지가 가장 좋은 단지 중 하나로 2017년 5월 전용 84m²(8층)이 8억 7,700만 원에 거래되었다. 마곡엠밸리7단지는 2017년 2월 8억 9,800만 원(13층)까지도 거래된 것으로 나타났다. 마곡엠밸리7단지는 2013년도 분양 당시에 전용 84m²가 4억 원 초반에 분양되었는데, 4년여 만에 매매값이 분양가의 두 배 이상으로 뛴 셈이다.

삼성전자, LG전자 효과 톡톡히 보는 평택

평택에 2019년까지 드림테크, 포승2, 신재생 등 9곳의 신규 산업단지가 완공된다. 기존 산업단지 11곳과 합치면 총 20곳으로 전국에서 가장 많다. 평택 고덕신도시에는 삼성전자가 100조 원을 투자해 반도체공장을 짓는다. 삼성전자 1단계 반도체 공장만 289만㎡ 규모다. LG전자도 60조 원을 투자해 디지털파크단지를 조성중이다.

국토교통부는 2014년 산업입지 개발에 관한 법률시행령을 고쳐 민자산업단지 활성화에 나섰다. 개발 이익의 50% 이상을 산업단지에 다시 투자하는 비율을 25% 이상으로, 건축분양 수익률 100% 재투자도 50%로 기준을 낮췄다.

평택은 규제 완화의 혜택을 가장 크게 본다. 주한미군 이전에 맞춰 시행된 평택지원특별법에 따라 평택산업단지는 수도권에서 유일하게 대기업 입주가 가능해졌다. 41개 업종만 가능한 수도권의 다른 지역들과 달리 평택은 61개 업종에 대해 공장 신설이 가능하다. 교통망도 개선되어 SRT는 서울 수서역에서 평택 지제역까지 61km를 불과 19분 만에 도착한다. 평택항은 2020년까지 총 화물 1억 6천만 t(톤)을 처리하는 항만으로 확장 개발할 계획이다. 택지 개발과 고덕 국제신도시, 서해안 복선전철 등으로 인구도 증가세다.

하지만 평택도 지역별로 온도차가 크기 때문에 평택이라도 '묻지 마 투자'는 금물이다. 평택은 2017년 4월 주택도시보증공사(HUG)의

'미분양 관리지역'으로 지정되었다. 국토교통부에 따르면 3월 기준으로 평택지역 미분양 주택 수는 2,950가구로 경기도에서 용인 다음으로 미분양 주택이 많다. 같은 해 2월 분양한 A아파트는 1순위 청약 경쟁률 0.5 대 1로 대거 미달했고, 2016년 6월 공급된 B아파트는 1년째 분양중이다.

그러나 평택 고덕신도시의 분위기는 정반대다. 2017년 평택에서 처음으로 분양된 동양건설산업의 고덕 동양파라곤은 1순위 청약에서 평균 49 대 1의 경쟁률을 기록했다. GS건설이 분양한 고덕 자연앤자이도 1순위 청약 경쟁률 28.8 대 1을 기록했다. 이런 차이는 신도시와 신규 택지지구에 도시 인프라가 집중되고, 대기업 공장 설립 등에 따라 일자리가 늘고 인구 유입이 활발하기 때문에 나타난다.

롯데그룹 이전, 잠실시대 개막

롯데가 소공동 시대를 끝내고 새로운 잠실 시대를 열면서 잠실도 새로운 지도를 그리는 데 문을 열었다. 서울 송파구 잠실 롯데월드타워에 롯데그룹 내 실속 있는 기업들이 하나둘씩 이전하면서 롯데월드타워 더 나아가 잠실의 기대감도 높아졌다.

롯데물산이 롯데월드타워 19층에 단독 오피스를 꾸렸으며, 그룹의 새로운 성장축으로 평가받는 화학부문의 롯데케미칼도 지난 20여 년간 둥지를 틀었던 동작구 본사를 떠나 14~16층에 입주했다. 롯데그룹 컨트롤타워인 경영혁신실과 4개 BU조직 등은 잠실 롯데월드타워로 이전했다. 롯데면세점은 국내 최대규모 면세점 타이틀을 소공동 본점에서 월드타워면세점에 넘겨주며 잠실시대를 맞이했다. 롯데면세점 월드타워점은 지난 2017년 1월 에비뉴엘동 오픈으로 재개장했고 타워동을 새롭게 열며 전체 면적을 확장, 그랜드오픈했다. 이에 따라 월드타워점의 특허기준 면적은 기존 1만 1,411㎡(3,457평)에서 1만 7,334㎡(5,252평)으로 대폭 확대되었다. 국내 시내면세점 중 최대 규모이자 아시아 2위, 세계 3위 규모다.

서울 영동대로 지하에 철도노선 7개가 동시에 지나가는 '복합환승센터' 건립 기본계획이 확정됨에 따라 강남 코엑스에서 잠실운동장 일대를 아우르는 개발이 탄력을 받는다.

서울 문정동·가락동·오금동 등 송파구 남부지역에 위치한 아파트들의 재건축 사업도 빠르게 진행되고 있다. 한강을 끼고 지하철 2호선 인근에 위치한 잠실주공1~4단지(엘스·리센츠·트리지움·레이크펠리스)의 재건축이 끝나고, 잠실5단지 등의 정비사업이 본궤도에 올라서자 재건축 바람이 송파구 남쪽으로 급속히 옮겨가는 양상이다. 이 지역에는 문정동 법조타운 조성, 가락시장 현대화 등 여러 개발호재가 있어 앞으로 가치 상승 여부가 주목된다.

이에 집값 상승률도 갈수록 눈에 띈다. 2016년 10월부터 2017년 10월까지 서울에서 아파트가격이 가장 많은 오른 자치구가 바로 송파구다. 한국감정원 자료에 따르면 이 기간 동안 서울 아파트 매매값은 평균 4.1%가 오른 가운데 송파구는 무려 5.8%가 오르면서 가장 많이 올랐다.

문재인 정부 출범 이후 6·19, 8·2, 10·24대책 등 잇따라 규제대책을 내놓으면서 기존 주택가격 상승폭이 둔화되는 가운데 송파구 집값은 더 높아졌다. 2017년 10월 한 달간 무려 1.21%가 오르는 등 집값 상승이 독보적이었다.

　강남3구 중 강남구와 서초구는 개발 부지 고갈로 재건축 이외에 개발 기대감이 크지 않지만, 송파구는 위례신도시, 문정지구, 거여마천뉴타운, 복합환승센터 등 대규모 개발 기대감이 커 앞으로 전망도 밝다.

희소가치가
있는 아파트

세계의 부가
강변으로 몰린다

파리를 가본 사람이라면 세느강에 떠 있는 요트들을 한 번쯤은 보았을 것이다. 실제로 요트인 것도 있지만 일부에 떠 있는 것은 요트가 아니라 주택이다. 일반 요트와는 달리 요트 위에 화분들이 늘어서 있다. 또한 작은 테이블과 의자도 놓여져 있다. 요트 실내로 들어가 보면 카페를 연상케 한다. 아기자기한 바(Bar)에 조명도 뛰어나다. 강을 바로 가까이 내다보며 식사를 즐기고 파티를 즐긴다.

　수상주택의 주인들은 자기가 원하는 곳으로 이동할 수 있다는 점을 큰 장점으로 꼽는다. 세느강을 따라 마음껏 이동할 수 있다는 것이다.

수상주택가격은 일반 고급 주택보다 무려 6배 이상 수준이다. 프랑스를 비롯한 영국 등 많은 나라가 자연을 찾아 이동하며 탈도심을 시도하고 있는 것이다. 주택 모습도 그에 따라 달라지고 있다. 우리나라 역시 최근 이런 붐이 일어나면서 서울에서 최고의 자연을 누릴 수 있는 한강변이 인기를 누리고 있다.

우리나라 한강변 아파트가격은 너무 비싸다고 얘기들한다. 하지만 미국·영국·프랑스 등 선진국에 비하면 정말 새 발의 피 수준이다. 빼어난 자연경관을 누릴 수 있는 선진국들의 강변 주택들은 우리가 상상하기 힘들 정도로 비싸게 형성되어 있다. 전용면적과 위치에 따라 다소 차이가 있겠지만 2,500억 원 이상 하는 주택들도 많다.

미국 뉴욕의 허드슨강(Hudson River)과 영국 런던 템즈강(Thames River), 프랑스 파리 세느강(Seine River) 역시 도심을 흐르는 강으로 강변에 고급 주택, 빌딩이 대거 몰려 있다. 주택 한 채 가격이 20억~100억 원 이상을 호가하지만 매도 물량을 찾아보기 어려울 정도다.

뉴욕 맨해튼 허드슨강변

미국에서 뉴욕의 집값이 비싸기는 하지만 뉴욕에서도 단연 맨해튼 허드슨 강변의 콘도(아파트)가 비싸다. 이곳은 맨해튼의 금융, 경제, 교육, 관광, 문화 등 모든 면에서 세계의 중심 역할을 하고 있어서 원래부터 투자 가치가 높은 곳이다.

최근에는 자연에 대한 가치가 높아지면서 센트럴파크와 허드슨강을 누릴 수 있는 이 주변 집값이 고공행진을 하고 있다. 미국 부동산 경기에 대한 불황 논란이 한창인 가운데서도 맨해튼의 집값이 '꺼지지 않는 불꽃'으로 비유되는 이유다. 지난 2001년 9·11 테러가 터졌을 때에도 맨하튼 집값은 꿈쩍하지 않았을 정도다. 재력가들이 집주인이라는 점도 집값 강세의 한 요인이다.

맨해튼의 건너편인 허드슨 강변의 뉴저지주도 인기지역으로 급부상중이다. 버겐카운티의 에지워터와 허드슨카운티의 웨스트 뉴욕, 호보켄 등이다. 강변이라는 장점과 최근 운행을 시작한 경전철로 인해 뉴욕으로의 접근성이 더욱 좋아진 게 부각되고 있다. 주거환경과 초·중·고 교육환경이 뛰어난 뉴저지주는 특히 교육열이 높은 한국사람들이 선호하는 곳이다.

맨해튼 허드슨강변의 아파트가격은 우리나라에서 소형아파트로 취급받는 전용면적 66m²가 평균 15억~20억 원 초반대에서 거래된다. 침실 하나와 화장실, 거실로 구성되어 있는 아주 작은 아파트다.

뉴욕 맨하튼 중심에 위치한 '원57(One57) 레지던스'는 최상층부 펜트하우스의 가격이 1,100억여 원, 그 외 객실은 평균 300억 원대를 형성하며 지역을 대표하는 최고가 주택으로 알려져 있다. 서쪽으로는 센트럴파크, 동쪽으로는 이스트강을 내려다볼 수 있는 조망권을 갖추고 있다.

영국 런던 템즈강변

템즈강 역시 영국 아파트가격을 치솟게 하는 핵심 요인으로 꼽힌다. 템즈강을 보유한 영국 켄싱턴은 런던의 부자들이 모여 사는 상류층 주거지다. 대표적인 부유촌인 이 지역의 평균 집값은 200만 파운드(29억 3천만 원)에 달한다.

특히 이곳 켄싱턴가든 바로 남쪽에 위치한 'One hyde park(원 하이드 파크)' 펜트하우스는 2억 3,700만 달러(약 2,597억 원)를 호가하기도 한다. 이 아파트는 템즈강 조망권 때문에 비싸기로 소문난 아파트다.

한강을 바라만 보지 말고
곁에 두고 살아라

대기업 직장인 김호영(48) 씨는 큰아들의 중학교 진학을 앞두고 서초구 일대 이사를 준비하면서 화들짝 놀랐다. 최근에 입주를 시작한 반포동 반포 아크로리버파크 전용 59m²가 단지 뒤편에 위치한 같은 면적의 래미안퍼스티지보다 1억 원 이상 비쌌기 때문이다. 중개업소 설명으로는 반포 아크로리버파크는 한강 조망권을 갖춘 한강변에 위치해 있어서 더 비싸다는 것이다. 앞으로는 다른 단지와 시세 차이가 더 벌어질 것이라고 덧붙였다.

싱가포르의 '부동산 왕'으로 불리는 필립 응 파이스트그룹 CEO가 "주요 도시 부동산이 투자처로 주목받고 있다. 이 중 물가(waterfront)나 바다 조망(sea view)이 가능한 곳이 유망하다"라고 한 말처럼 서울도 마찬가지다. 삶의 수준이 높아져 주거의 질을 따지는 수요가 늘면서 한강 조망권의 가치가 갈수록 높아지고 있다. 같은 아파트단지라도 한강 조망권이 있는 가구는 수억 원 웃돈(프리미엄)을 주고서라도 구입하는 수요자가 부쩍 늘었다. '한강 조망 아파트 투자는 실패하지 않는다'는 의미의 '강변불패'란 신조어까지 등장했다.

한강 조망권의 가치가 이제는 한강변의 가치로 이동하고 있다. 단순히 한강 조망권만 갖춘 아파트와는 달리 한강변 아파트는 조망권 확보는 물론 한강공원 인프라를 그대로 누릴 수 있다. 이러한 뛰어난 입지로 부촌이라는 차별성 및 희소성이 더해지면서 한강변 아파트 인기는 갈수록 높아질 것이다.

부촌 지도, '성북 → 압구정 → 도곡동 → 한강변'

서울의 부촌이 한강변으로 모이고 있다. 부촌을 알려면 사회적인 역사 혹은 트렌드의 변화를 먼저 볼 필요가 있다.

"성북동입니다." 과거 TV 드라마 속 부잣집 사모님들이 집에서 전화를 받을 때 자주 등장하던 대사다. 굳이 내가 누구인지 설명하지 않아도 그냥 거주지를 얘기하는 것만으로 신분을 드러낸다. 그 정도로 '성북동 주민'이라는 사실만으로 큰 자부심이었다.

이렇게 대한민국 부촌의 역사는 1960년대 서울 성북동, 평창동, 한남동으로부터 시작되었다. 이들 지역은 사회적인 명예와 체면을 중시하는 최상류층이 선호하는 지역이다. 서울 한복판에서 마당 있는 집에 산다는 것은 누구나 부러워하는, 하지만 아무나 누릴 수 없는 그들만의 리그를 형성하기 가장 좋기 때문이다. 특히 성북동은 권력의 중심지였고, 정계 주요 인사들이 청와대가 가까운 성북동에 자리를 잡았다. 한남동은 과거 육군본부가 용산에 있었기 때문에 군 출신의 엘리트가 많이 거주했다.

그 이후 1970년 중반에 강남 개발이 이뤄지면서 부촌이 강북에서 강남으로 이동하기 시작했다. 1990년대까지만 해도 국내 최고 부촌의 명성은 강남구 압구정동이었다. 압구정동은 강북과 한강변을 맞닿아 있는 입지 메리트가 크게 작용했다. 또한 당시에는 많지 않던 중대형아파트가 많아 부촌의 이미지가 크게 부여되었다. 1976년부터 1979년까지 입주를 마무리한 현대1~7차를 비롯해 한양·미성아파트 등이 대표 단지다. 당시 사회 고위층 특혜 분양 시비에 휘말렸을 만큼 재력가들이 몰리기도 했었다.

2000년대 들어서 압구정동은 부촌의 명성을 강남 도곡동과 대치동에 넘겨줬다. 노후된 압구정동의 아파트 틈새를 타 이들 지역에는 최첨단 고급 주상복합 아파트들이 속속 들어섰기 때문이다. 하늘을 찌를 듯 위로 올라간 초고층 주상복합 아파트인 타워팰리스(66층)를 비롯해 대림아크로빌·대치센트레빌 등이 2000년대 초에 입주했다. 그리고 사교육에 대한 관심이 커지면서 대치동 가치가 커지기도 했다. 이후 자립형 사립고가 줄줄이 들어서고 내신이 강화되면서 '강남 8학군' 매력은 예전보다 많이 떨어졌다.

최근에는 전반적으로 생활 수준이 높아지고, 건강에 대한 관심도 급속도로 높아지면서 부촌 지도가 한강을 중심으로 재편되는 모습이다. 특히 2000년대 후반에 한강 조망을 1순위로 둔 고가 아파트가 잇따라 분양하면서 서울 부촌 지도가 새롭게 그려지고 있다.

소득 수준이 올라가고 한강 조망 등 쾌적한 환경에 대한 관심이 늘면서 한강에 인접한 청담·반포·삼성동 일대 아파트 가치가 높아지는 추세다. 강북의 경우 한강을 낀 한남·이촌 등 전통 부촌은 예나 지금이나 여전히 강세다. 여기에 한강과 인접한 뚝섬, 수도권으로 눈을 돌리면서 하남 미사지구 등 한강변 주거지가 인기를 모으게 되었다.

한강변일수록 매매가는 비싸졌다

한강 남쪽은 물론 북쪽도 가리지 않고 한강변일수록 아파트 매매가가 비싸졌다. 10년 전에 대표 부촌으로 꼽히던 도곡동과 일원동, 역삼동 등이 평균 아파트 매매값 순위에서 하락세를 보였다. 아파트가격이 가장 비싼 동네였던 개포동은 한강변 메리트와 재건축 이슈가 동시에 발생한 압구정동에 1위 자리를 내줬고, 대치동 역시 3위에서 5위로 내려갔다.

반면 한강변에 위치한 동네들은 상승세를 보였다. 10년 전에는 10위권에 없었던 서초구 잠원동, 강남구 청담동, 용산구 서빙고동과 용산동5가 등이 평균 아파트 매매값을 기준으로 매긴 부촌 10위권 내에 진입했다.

10년 전 아파트가격 기준으로 부촌 2위였던 강남구 압구정동은 개포동을 누르고 1위에 올랐다. 6위였던 서초구 반포동은 개포동을 바짝 추격하며 3위를 차지했다. 특히 10년 전에는 10위권에 없었던 서초구 잠원동이 4위로 껑충 뛰었다. 모두 한강변 아파트라는 게 공통점이다. 현재 아파트 매매가 기준으로 가장 평균값이 높은 서울 10개동 중 개포동과 대치동을 빼면 모두 한강변에 자리잡고 있다.

강북에서도 용산구와 성동구의 한강변을 중심으로 부촌 지도가 다시 그려지고 있다. 10위권으로 새로 진입한 용산구 서빙고동은 1983년 입주해 34년 된 낡은 신동아아파트가 동네 시세를 끌어올리고 있다. 공장지대였던 성동구 성수동은 과거 주거지로 주목받지 못했지만, 2011년 입주한 고층 주상복합 갤러리아포레를 필두로 부촌으로 변신중이다.

한강변 주요 아파트 시세

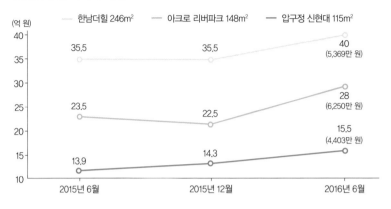

※ 괄호 안은 공급면적 3.3m²당 가격

자료: 서울부동산정보광장 및 중개업소 취합

한강변 아파트와 한강 조망 아파트의 집값 격차가 커졌다

가격에서도 한강변 아파트와 단순히 한강 조망이 가능한 아파트 가격 격차가 더 벌어지고 있다. 서울 자치구 내에서도 한강변이 위치한 동이 그 지역 가격을 선도하는 것으로 나타났다. 2017년 3월 17일 KB부동산시세 기준, 서초구에서 가장 비싼 동(洞)은 한강변에 터전을 둔 반포동으로 3.3m²당 4,611만 원에 형성되어 있다. 지난 2015년 1분기에 3.3m²당 3,659만 원에서 무려 26%가 오른 값이다. 반면에 서초동은 3.3m²당 2,261만 원에서 2,634만 원으로 16% 오르는데 그쳤다. 송파구도 마찬가지다. 잠실동은 같은 기간 3.3m²당 2,885만 원에서 3,457만 원으로 20% 오른데 비해 방이동은 3.3m²당 2,069만 원에서 2,413만 원으로 17% 올랐다.

2016년 정부에서 실수요중심 시장 형성을 통한 주택시장의 안정적 관리방안(이하 11·3부동산대책)을 발표하면서 전반적으로 시장이 위축되었지만, 한강변 아파트 인기는 여전히 뜨겁다. 특히 서울시가 한강변 재건축에 35층 층수 규제의 대못을 박으면서 한강변 아파트 희소가치가 높아지고 있다.

반포동 아크로리버파크는 2013년 말에 3.3m²당 평균 3,830만 원으로 고분양가 논란이 있었다. 하지만 분양 당시 13억 원대였던 전용 84m²가 19억 원에 거래되고 호가가 20억 원이 넘는다. 한강변 프리미엄이 7억 원인 셈이다.

2016년 한해 전국에서 가장 가격이 많이 오른 단지도 대부분 한강변 아파트였다. KB부동산시세 일반 평균가 기준으로 강남구 압구정동 신현대는 전용 169m²가 2016년 1월 24억 원에서 12월 30억 원으로 6억 원이 뛰었다. 서초구 반포동 주공1단지 전용 198m²는 33억 2,500만 원에서 38억 원으로 4억 7,500만 원이 올랐다.

한강변 아파트는 신규 분양시장에서도 인기가 뜨겁다. 2016년 11월 송파 잠실 올림픽아이파크는 11·3부동산대책 첫 강남 재건축 아파트인데다가 송파구에서 상대적으로 소외되었던 이미지에도 불구하고 평균 34 대 1, 최고 81 대 1을 기록하며 청약을 마감했다. 7월에 분양된 흑석뉴타운 아크로리버하임은 평균 89.4 대 1을 기록한 뒤 계약 4일 만에 완판되었다.

주목되는 한강변과
저평가된 한강변은?

서울에 위치한 한강변 지역 중에서도 더 주목받는 지역들이 있다. 같은 한강변이라도 입지에 따라 다소 차이가 있겠지만 대치와 반포 등 한강변 이면부에 위치한 재건축 후 신축 아파트가격이 3.3m²당 5천만 원을 돌파한 만큼 향후 한강변 새 아파트는 지역별로 가격 상승을 이끄는 선도 아파트가 될 전망이다. 그 지역이 어디인지 찾아보고, 해당 지역 내에서도 재건축 등 재생사업들이나 다른 호재들은 무엇이 있는지, 상황은 어떤지도 살펴보자.

한강 이남과 한강 이북

서울 한강변 아파트는 한강 이북과 한강 이남으로 나뉘어볼 수 있다. 한강 이북은 강북·광진·노원·도봉·동대문·마포·서대문·성동·성북·용산·은평·종로·중랑·중구 등 14개구이고, 한강 이남은 강남·강동·강서·관악·구로·금천·동작·서초·송파·양천·영등포구 등 11개구이다. 한강 이북에서 한강변은 광진구 광장동·자양동, 성동구 성수동·옥수동, 용산구 보광동·이촌동, 마포구 도화동·용강동·신수동·서강동·합정동·망원동·상암동이 있다. 한강 이남에서 한강변에 위치한 곳은 강서구 가양동·염창동, 영등포구 양평동·여의도동, 동작구 흑석동, 서초구 반포동·잠원동, 강남구 압구정동·청담동, 송파구 잠실동·풍납동, 강동구 천호동·암사동·고덕동도 한강변 아파트로 꼽을 수 있다.

한강 조망으로 보면 한강 이남보다 한강 이북이 더욱 뛰어나다. 주택은 일반적으로 남향 또는 동남향을 선호하기 때문이다. 한강 이북에 위치한 아파트는 거실이나 안방에서 한강 조망이 가능하지만, 한강 이북에 위치한 아파트는 고작 주방의 작은 창에서 한강을 봐야 하는 진정한 한강 조망권을 가졌다고 할 수 없다. 한강 이남에서도 거실이 동향이나 동북향으로 되어 있는 몇몇 지역이 있다. 강남구 청담동과 삼성동, 동작구 흑석동 등에 있는 일부 아파트가 이에 해당된다.

현재 강남 한강변에는 반포주공1단지, 신반포3차·경남, 신반포2차를 비롯해 압구정지구, 잠실주공5단지, 장미아파트 등 3만여 가구가 안전진단 통과 등 재건축 사업에 합류했다. 강북에서도 한남뉴타운과 용산·여의도 일대 노후 단지가 정비사업에 관심이 높다.

압구정지구

강남구 압구정 아파트지구는 압구정동, 청담동 일대 약 115만m²에 걸쳐 있으며 현재 24개 단지 1만 300여 가구가 거주하고 있다. 대부분 1970년대, 말부터 1980년대 초반에 입주해 건물의 노후화와 주차문제, 주변 지역의 교통 문제 등이 지속적으로 제기되어 왔다. 지난 2006년부터 재건축이 추진되면서 조합설립인가를 받은 곳도 있지만 서울시가 한강변 통합개발을 발표하면서 사업이 중단되었다.

압구정 아파트지구 지구단위계획안에 따르면 24개 단지는 6개 재건축 사업단위로 구분하고 총 9곳의 특별계획구역을 지정해 주민 맞춤형 정비계획을 수립한다. 지구단위계획 구역으로 지정되면 이 일대는 주거 환경과 교통여건, 도로 등 기반시설, 주변 지역과 연계 등을 종합적으로 고려해 광역적이고 체계적으로 관리된다.

구현대, 신현대, 한양 등 지역 내 24개 아파트단지를 6개 특별계획구역으로 묶고, 현대백화점 압구정점과 SM타운 갤러리아백화점 등을 각각 특별계획구역으로 지정하고 개발한다. 주거시설 최고 층수는 35층을 넘지 못하고, 구현대아파트단지 내 역사문화공원을 계획하고 있다.

압구정지구 중에서 한강 조망권이 가장 뛰어난 단지는 현대1·2차다. 현대6·7차가 대지지분도 더 넓고 용적률도 낮아 사업성이 좋은데도 한강 조망이 쉽지 않다는 이유로 최근 시세가 역전되었다. 재건축 기대가 커질수록 한강변 동에 대한 선호도가 뚜렷해지고 있다. 같은 197㎡ 주택형이라도 대지지분이 13㎡ 많은 역세권 동보다 대지지분이 적은 한강변 동 로열층이 2억 원가량 높게 팔렸다.

압구정동 재건축에 투자를 고려한다면 어떤 재건축도 마찬가지겠지만 특히 압구정동은 추진 속도를 각별히 주시해야 한다. 압구정지구 내 아파트에 거주하는 연령층이 노부부가 많아 재건축에 대해 긍정적이지 않다. 추진위원회(추진위) 설립도 쉽지 않은 등 속도가 붙지 않는다.

압구정 현대아파트단지는 2014년 안전진단을 통과했지만 재건축 추진위원회조차 설립하지 못했다. 층수, 기부채납(공공기여) 비율 등에 관해 서울시와 주민 간 입장차가 큰 탓이다. 내부 주민 간 견해차이도 크다. 압구정 현대아파트 1만 240가구 가운데 4,355가구로 절반가량을 차지하는 구현대아파트에서만 4개의 조직이 추진위원회 설립을 위해 경쟁하고 있다.

그러나 최근 들어 추진위원회 설립을 위한 주민 동의가 진행되고 있다. 한양아파트는 찬성 50%를 넘겨 추진위원회 설립이 확정되었고, 압구정4구역(현대8차·한양2단지)도 주민동의서 접수 건수가 전체 가구 수의 50%를 넘겨 추진위원회 결성을 앞두고 있다. 현재 3구역(구현대)이 47%, 2구역(신현대)은 44% 정도의 찬성률을 보이고 있다. 강남구청은 주민 동의가 50%를 넘으면 공공지원 등으로 재건축 추진에 힘을 실어줄 계획이다. 주민 의견 청취도 찬성률이 50%에 이를 때까지 무기한 연기하기로 했다.

다만 층수에 대한 서울시와 주민 간 견해 차이가 커서 사업이 급물살을 탈 가능성은 높지 않다고 전문가들은 예상했다. 구현대아파트 등 일부 구역은 45층 이상의 재건축을 추진하고 있다. 하지만 서울시는 이 지역이 일반주거지역이라는 점을 들어 최고 35층을 넘길 수 없다는 원칙을 유지하고 있다. 주민 사이에서는 재건축 사업 속도를 내기 위해 서울시의 가이드라인을 받아들이자는 측과 사업성을 높이기 위해 45층 이상의 재건축을 밀어붙이자는 의견이 팽팽하게 맞서고 있다. 한강 조망권을 확보할 수 있는 동·호수 배정에 대한 단지별 의견이 엇갈려 추후에 논란이 될 수 있다.

잠실주공5단지

송파구 잠실동 잠실주공5단지의 최대 장점은 입지 조건이다. 교통시설로 지하철 2호선과 8호선 잠실역을 이용할 수 있다. 인근에는 한강공원과 석촌호수, 올림픽공원 등이 가까워 편안하게 여가를 즐길 수 있고 아파트의 동간 거리가 넓어 일조량이 풍부하다. 생활편의시설로 잠실역 근처에 위치한 롯데월드타워, 롯데백화점, 잠실홈플러스, 롯데마트 등이 있다. 향후 영동대로와 종합운동장 개발, 2021년에는 105층의 현대차그룹 글로벌 비즈니스센터(GBC)가 들어설 예정이다.

하지만 잠실주공5단지는 사업 속도를 좀처럼 내지 못했다. 재건축 사업은 사업속도를 낼 때마다 큰 폭으로 가격이 오르는데, 잠실주공5단지는 2013년 12월 조합설립인가 후 3년 넘도록 사업시행인가를 받지 못했다.

잠실주공5단지는 최고 층수를 비롯해 관통 도로, 초등학교 부지 비용 등을 두고 이견이 생기면서 당초 계획보다 사업이 지체되었다. 2018년 1월 부활한 재건축 초과이익환수제도 피할 수 없을 것으로 보인다.

하지만 한강변에 인접한데다 용적률도 138%로 서울 시내 오래된 중층 아파트단지 중 가장 낮아 사업성이 좋다. 최고 층수 35층 제한을 두고 있는 서울시로부터 잠실역사거리 코너에 6개 동을 50층 주상복합으로 짓는 안도 사실상 허가를 받았다. 도시계획위원회(도계위)에서 잠실주공5단지 재건축 정비안이 통과되면서 잠실주공5단지는 지상 최고 50층, 44개동 6,370가구의 대단지로 변신한다.

현재 잠실주공5단지는 강남권 재건축 단지 중 가장 많은 대지지분을 보유하고 있다. 때문에 재건축시 현재 평형보다 더 큰 평형을 무상으로 받을 수 있다는 점이 장점이다. 대지지분 구성을 보면 112m²형 74.51m², 115m²형 80.99m², 119m²형 80.99m²다.

현재 3,930가구가 재건축 후 6,370가구로 지어지면 일반분양이 2,400가구가 넘어 분양가격만 4조 원에 이를 것으로 분석된다. 또 8·2부동산 대책으로 서울 전역이 투기과열지구로 지정되면서 조합 설립인가 이후의 재건축 조합원 지위 양도가 금지되지만, 잠실주공 5단지는 사업시행인가 전까지는 예외적으로 거래가 가능하다. 사업 속도가 늦어 예외적으로 거래가 가능하기 때문이다.

한남뉴타운

한남뉴타운은 풍수·조망·교통 등 입지면에서 아주 뛰어나다. 언덕 지형의 한남동에선 남향으로 한강을 조망할 수 있다. 서울 중심부인 용산구에 있어 강남북을 쉽게 이동할 수 있다는 점이 강점이다. 풍수지리적으로 길지라는 평가여서 진입하려는 자산가들이 많지만 매물은 거의 없다. 한남동과 인근 이태원동에는 이건희 삼성전자 회장 등 대기업 총수들이 모여 살고 있다. 인근에 한남더힐 등 최고급 공동주택도 들어서 있다. 한남동의 뛰어난 입지로 강북에서 한강을 조망하는 최고급 단지인 한남더힐 전용 244m²는 2016년 12월 82억 원에 팔려서 국내 최고가 단지에 이름을 올리기도 했다.

한남뉴타운의 입지는 분명 뛰어나지만 갈 길이 멀다. 한남뉴타운이 뉴타운으로 지정된 것은 2003년이다. 한남동·보광동 일대 111만 205m² 면적이 대상이다. 5개 재개발구역 가운데 3구역이 선두주자다. 3구역은 39만 3,729m²에 조합원만 3,880명에 이르는 최대 규모다. 서울시의 뉴타운 정책 혼선으로 사업추진에 난항을 겪다가 조합이 서울시의 높이제한 등 개발 방향을 전폭적으로 수용하면서 사업이 정상 궤도에 진입했다. 2017년 4월 재정비촉진계획이 서울시 심의를 사실상 통과했다.

하지만 건축심의 등 후속 절차가 많이 남아 있다. 3구역이 한때 지분쪼개기(대지 면적이 큰 단독주택을 헐고 다세대·연립주택을 지어 분양)가 극성을 부려 일반분양 물량이 많지 않을 것으로 보인다. 지분쪼개기를 통해 조합원이 크게 늘어난 탓이다. 이 때문에 지분 크기가 크지 않은 사람은 새 아파트를 분양 받을 때 수억 원을 부담해야 할 수도 있다. 나머지 구역들은 아직 밑그림을 그리는 단계다.

여의도

여의도 아파트들은 대부분 1970년대 지어진 건물로 초원·시범아파트처럼 40년이 넘은 곳들도 있다. 총 7,700여 가구 규모 16개 아파트 단지가 재건축 대상 단지로 꼽힌다. 한강변에 위치해 쾌적한 조망권이 보장되어 수요자들의 관심이 크다. 타 지역이 '35층룰'에 따라 도시계획위원회 심의에 걸려 사업이 지지부진한 상황에서, 여의도 내 일부 단지는 신탁 방식 재건축(신탁사에 수수료를 주고 재건축 사업과정을 위임) 등 새로운 방식으로 사업에 속도를 내고 있다. 35층룰을 벗어난 만큼 층수제한에 걸린 타지역에 비해 사업성이 더 높다.

현재 재건축 추진 속도가 가장 빠른 곳은 1972년에 지어진 서울 아파트다. 서울아파트는 재건축 사업의 새로운 영역을 개척하고 있다. 이 단지는 지난 2015년부터 '건축법'을 통해 재건축 사업이 추진 중이다. 이는 단지 소유주와 시행사가 공동사업단을 꾸려 건축허가를 받는 방식이다. '도시 및 주거환경 정비법'(도정법)상 정비사업과 달리 조합설립 등의 절차가 없어 사업속도가 빠른 장점이 있다. 건축법 재건축에 따라 용적률을 상업지역 허용치인 600%보다 더 높은 750%까지 올릴 수 있는 점도 강점으로 꼽힌다.

미성·광장·시범아파트 등도 추진위원회 설립을 마쳤다. 여의도 수정아파트와 공작아파트 재건축도 재건축 계획안을 제출, 재건축 사업에 몸을 실었다. 시범·공작아파트는 '신탁 방식 재건축'으로 사업이 진행되고 있다. 신탁 방식 재건축은 신탁사가 사업시행자로 사업비 조달에서 분양에 이르는 사업 전 과정을 대행한다. 조합이 추진하는 재건축 사업과정은 5단계(추진위 구성 → 조합설립 → 건축심의·사업시행 인가 → 시공사 선정)인 반면 신탁 방식은 3단계(신탁사 선정 → 시공사 선정 → 건축심의·사업시행 인가)로 절차가 간소하다. 그만큼 재건축 사업속도가 빠른 강점이 있다.

여의도가 더 활력을 잃기 전에 그동안 중단되었던 공사가 재개되고 한강 개발이 구체화되고 있는 점은 호재다. 파크원 사업은 법정다툼이 마무리되면서 오는 2020년 완공을 목표로 조만간 공사를 재개할 예정이다. 서울시는 여의도 한강공원에 통합선착장과 피어데크, 여의테라스, 복합문화시설 조성을 골자로 한 개발사업을 2019년 완공 목표로 진행중이다.

저평가되어 있는 한강변을 찾아라

한강은 구석기와 신석기, 청동기 시대에는 물고기를 잡고, 인근 지역에서 농사를 짓는 생활의 원천이었다. 조선이 한성(漢城)에 도읍을 정한 이래 한강은 교통로로서의 중요성이 커져 마치 인체의 핏줄과 같은 구실을 해왔다. 한강이 이제는 '부(富)'의 기준이 되고 있다.

한강변에 들어서는 아파트들은 분양과 동시에 수억 원의 프리미엄이 붙고 기존 아파트는 가격 선도역할을 한다. 가격에서만 아니라 한강시민공원 개발을 통해 산책로는 물론 캠핑장, 수영장 등 시민의 품으로 돌아오면서 한 번쯤 살고 싶은 곳이라는 로망이 되어 가고 있다.

한강변은 결국엔 뜨기 마련이다

한강변에 위치한 아파트는 누구나 살고 싶은 로망을 품게 할 만큼 입지 조건이 좋기 때문에 결국에는 뜨기 마련이다. 강남구 압구정동과 청담동, 그리고 용산구 한남동 등 오래 전부터 부촌으로 자리잡고 있는 지역들은 한강을 곁에 끼고 있다.

희소성과 조망권, 도심 접근성, 쾌적성 등 부동산의 가치와 생활의 가치까지 갖춘 한강변에 위치한 지역들은 부촌으로 자리매김하기 때문에 선점할수록 좋다. 서초구 반포동이 강남의 부촌을 뛰어넘어 부촌으로 거듭났고, 공장단지가 밀집해 있어 못사는 '동네'라는 이미지였던 성동구 성수동도 2011년 대형 평형으로 구성된 갤러리아포레가 입주하면서 고급주거촌으로 탈바꿈했다. 그리고 가파른 경사와 구불구불한 골목길, 산비탈 등 전형적인 달동네였던 옥수동 일대 역시 재개발이 활발하게 진행중이다. 대규모 브랜드 아파트촌으로 변신을 꾀하면서 지금은 전용 84㎡가 10억 원하는 동네로 바뀌었다.

변하지 않을 만한 내재가치가 있고, 그 가치가 희소성까지 갖췄다면 언젠가는 아니 최대한 빠른 시일 내에 그 가치의 본성을 드러낼 수 있다. 하지만 그 가치가 이미 반영이 될대로 된 아파트가 아닌 아직 저평가되어 있는 앞으로 뜨게 될 한강변의 아파트를 찾는 것이 중요하다.

'저평가되어 있다'라는 것은 앞으로 발전 가능성이 크지만, 아직 그 호재가 시세에 다 반영되지 않았다는 것도 의미한다. 한마디로 가격 상승 가능성이 큰 곳을 말한다. 한강변 아파트 중에서도 가격이 아직 저렴한 곳이 있다. 한강변이라는 자체만으로 메리트가 크지만 이미 인기 있는 한강변에 비해 생활 환경이 다소 떨어지는 이유에서다.

광진구 자양동

광진구 자양동은 지하철 7호선 건대입구역과 뚝섬유원지역, 지하철 2호선 구의역, 강변역을 이용할 수 있고 인근에는 동서울종합터미널과 뚝섬한강공원, 서울어린이대공원을 비롯해 건국대학교와 세종대학교가 있다.

당초 자양동과 구의동에 걸쳐 있는 잠실대교·청담대교·영동대교 북단 지역은 한강르네상스 사업의 일환인 유도정비구역으로 지정되어 평균 30층, 최고 50층 높이의 초고층 아파트로 개발될 예정이었지만 무산된 상태다. 정비구역지정으로 수년 동안 개발이 제한되어 주거지 노후도만 심해졌다.

서울 광진구 자양동 일대에서 추진중인 개발은 구의동 246일대와 자양동 680일대 총 170만㎡ 규모의 구의·자양재정비촉진지구이다.

광진구청사를 비롯해 호텔, 상업시설, 공동주택 등이 들어서는 복합단지로 개발될 예정이다. 자양동 일대 재정비 사업은 자양1·4·7구역, 한양아파트 등에서 진행중이다. 다른 대부분의 정비사업은 해제된 상태다.

최근 들어 빠른 속도로 두각을 보이는 곳은 1구역이다. 노후 저층 주거지가 밀집해 있는 1구역은 최고 37층, 878가구의 주상복합 단지로 재건축될 예정으로 시공은 롯데건설이 맡는다. 영동대교 북단 사거리에 있어 남향 한강조망권을 누릴 수 있고, 도로 하나만 건너면 신흥 부촌으로 떠오르고 있는 성수동에 닿을 수 있다는 장점이 있다. 2008년 재건축 추진위원회를 설립한 7구역은 아직 정비구역지정이 안 된 상태다. 이에 최근 구역 지정을 추진, 정비계획안이 서울시 도시계획위원회에 걸려 있다.

자양동의 노후된 아파트도 많이 저평가되어 있다. 자양동과 바로 접해 있는 성수동의 평균 매매값이 3.3m²당 2,346만 원인데 비해 자양동은 1,901만 원으로 무려 445만 원 차이가 난다. 자양동 내에서도 노후된 아파트가격이 저평가되어 있다. 자양동에서 가장 비싼 아파트는 2005년에 입주한 강변아이파크로 3.3m²당 2,456만 원이다. 반면에 '재건축 기대주'로 꼽힌 한양아파트는 2,036만 원에 형성되어 있다. 2014년부터 서울시에 정비구역지정 신청을 해왔지만 종상향 의견 차이가 좁혀지지 않아 번번이 미끄러졌다.

한양아파트의 장점 하나는 대지지분이다. 전용 118m²의 대지지분은 68m² 정도 된다. 5층 저층 단지도 아닌 12층 아파트인데도 상대적으로 대지지분이 크게 나오고 입지 여건도 괜찮다. 지하철 2호선

강변역에서 도보로 6분 정도이고, 잠실대교와 영동대교를 이용하면 강남으로 10분 이내에 진입이 가능하다.

강동구 암사동

강동구 암사동은 한강변 중에서도 집값이 안 오른 지역 중 대표적인 곳이다. 암사동은 서울 외곽지역에 위치해 있다. 강동구가 강남권에서도 외곽지역인데다가 암사동은 강동구에서도 대표적인 외곽지역이다. 강남이나 도심으로 접근성이 나쁘지는 않지만, 그렇다고 좋은 편이 아닌 어중간한 위치다. 하지만 이런 암사동이 최근 교통호재들을 만나면서 미래가치가 높아지게 되었다.

강동구 암사동은 지하철 8호선을 이용하면 4정거장 거리에 잠실이 있으며 동쪽 하남 미사강변도시 접근성도 높다. 2018년에 지하철 9호선 종합운동장~보훈병원 구간(3단계)이 연장 개통되면 강동구 전체의 강남 접근성이 크게 개선될 것으로 기대된다. 미사지구와 연결되는 지하철 5호선(2018년 상일동~풍산 구간 개통 예정), 남양주 별내 지구로 통하는 지하철 8호선 연장 개통(2022년 예정)도 강동을 '종점'에서 '중점' 도시로 거듭나게 할 호재로 주목받는다.

암사동에서도 선사현대아파트를 주목해보자. 암사동 선사현대아파트의 경우 용적률이 387%에 달하는 데다 소형평형은 복도식이어서 주변 단지들에 비해 별다른 주목을 받지 못한 곳이다. 하지만 단지규모가 2,938가구의 메머드급이고 한강수변공원이 가깝다. 선사현대의 최대 장점은 한강 조망권이다. 한강변에 위치한 동의 로얄층은 웬만한 강남권 아파트보다 뛰어나다. 개발 기대감도 있다.

2022년(예정) 경기도 남양주 별내지구로 연결되는 지하철 8호선 연장 노선 개통 호재가 있다. 서울시 도시계획위원회에서 암사동 일대 63만 4천여m²에 추진되는 '암사동 도시재생활성화계획(안)'이 통과된 것도 호재로 작용할 전망이다.

2018년 사업이 완료되는 암사동 도시재생사업에는 2015년부터 내년까지 100억 원이 투입되고 추후 중앙부처, 지자체 협력사업 등으로 154억 원이 추가 투입될 예정이다. 이렇게 되면 노후 이미지가 강했던 암사동 일대가 살기 좋은 주거지로 새롭게 변신하게 되어 암사동 상권 활성화에도 긍정적인 영향을 미칠 것으로 예상된다.

선사현대아파트는 총 2,938가구, 16개동, 최고 28층 높이의 아파트다. 주택 크기는 58~114m²로 다양하게 구성되어 있다. 2000년 6월 입주했다. 지하철 8호선 암사역이 200m 정도 떨어져 있어 걸어서 3분 거리다. 주변에 선사초·신암중·선사고 등이 있다. 한강변과 맞닿아 있어 암사생태공원 등 한강지구를 가깝게 이용할 수 있고 일부 단지에서 한강 조망도 가능하다. 올림픽대로와 천호대교 등을 이용하면 강남으로 이동하기 용이하다.

강서구 가양동

강서구는 상전벽해(桑田碧海: 세상이 몰라볼 정도로 변함)라는 비유가 모자랄 만큼 대변화를 겪고 있다. 몇 년 전만 해도 강서구는 강동구 암사동과 마찬가지로 서울 같지 않은 곳이었다. 그렇다 보니 강서구는 서울에서도 집값이 오르지 않는 대표적인 지역이었다. 한강변에 위치하고 서울 도심 접근성도 양호한 편이었지만, 타지역이 다 오를 때에도 구경만 하던 곳이었다.

하지만 지금은 달라졌다. 지하철 9호선이 개통되고 마곡지구가 개발되면서 도심권은 물론 강남으로도 10분대에 진입이 가능하게 되었다. 이로 인해 광화문, 강남으로 출근하는 젊은 맞벌이 부부들이 많이 유입되고 있다. 그리고 마곡지구가 개발되면서 자족형 도시로 거듭나고 있다. 마곡에 초대형 주거단지와 연구개발(R&D) 단지가 들어서면서 지역 경제 활기는 물론 대한민국 수도 서울의 경제지도가 바뀔 것이라는 전망까지 나온다.

마곡지구에는 롯데와 대한해운 등 이미 입주한 14개 업체를 비롯해 2019년까지 100여 개 기업이 들어온다. 우선 국내에서 단일 R&D 단지 중 가장 큰 규모(17만 7,015㎡)의 LG사이언스파크에는 전자·화학·이노텍 등 9개 LG 계열사가 2017년 10월부터 입주를 시작했다. 이곳에서 근무하는 연구 인력만 2만 2천여 명이다. 입주가 완료되면 매년 6만 명 이상의 고용유발 효과와 25조 원 이상의 생산 유발효과가 날 것으로 강서구는 기대하고 있다.

강서구 가양동은 지하철 9호선 개통과 인근 마곡지구 개발 등으로 아파트가격이 많이 올랐다. 서울시 아파트 평균 매매값이 지난 2016년 2분기 3.3㎡당 1,808만 원에서 2017년 3분기 2,049만 원으로 11%가 오른 가운데 강서구 가양동은 같은 기간 1,461만 원에서 1,719만 원으로 15% 올랐다.

강서구 가양동에는 가양9단지를 비롯해 가양6단지 등 1992년과 1993년에 지어진 15층 중층 아파트들이 한강변에 위치해 있다. 강서구는 염창동을 제외한 구내의 97%가 김포공항의 고도제한으로 묶여 있다. 현행 국제기준에 따라 공항인근 반경 4km까지 건축물 높이를 57.86m로 규제되고 있으나, 개정된 국내항공법을 적용하게 되면 최고 30층까지 건축이 허용된다. 현재 국제민간항공기구(ICAO)와 논의중에 있는 개정항공법이 적용되면, 방화동·가양동 일대의 재건축도 가능하게 된다.

동작구 본동

서울 동작구는 수도권의 남과 북을 연결하는 주요 도로와 철도의 관문에 자리 잡고 있다. 한강을 따라 동쪽에서 서쪽으로 잠실~강남~반포~여의도~김포공항을 연결하는 올림픽대로와 경부선, 경의선 등과 가깝다. 서울 지하철 7·9호선이 개통되면서 다른 지역에서 동작구를 거쳐 광화문과 강남, 영등포, 여의도 등 서울 주요 도심으로 쉽게 이동할 수 있다. 수원, 안양, 인천 등 수도권 서남부 지역의 주요 도시로 접근성도 뛰어나다.

특히 동작구 본동은 한강대교와 바로 접해 있고, 한강대교와 건너면 강남을 뛰어넘을 용산으로 바로 연결된다. 2017년 9월 KB부동산 시세 기준 동작구 평균 아파트가격은 3.3㎡당 1,805만 원이고, 가장 비싼 동네는 동작동으로 3.3㎡당 2,224만 원, 이어 흑석동 2,122만 원 등으로 한강변에 위치한 지역들이며, 모두 3.3㎡당 2천만 원을 훌쩍 넘어섰다. 반면에 흑석동 바로 옆에 있는 본동은 1,814만 원으로 무려 400만 원 가까이 저렴하다.

본동은 현재가치보다 미래가치가 높다. 본동은 동작구 관내에서 추진하는 장승배기 종합행정타운 사업으로 수혜가 기대되는 곳이다. 동작구는 현재 노량진동 동작구청사를 장승배기에 건설할 종합행정타운으로 옮기면서 노량진 일대를 상업지로 개발한다는 계획이다. 이로 인해 본동과 가까운 노량진 일대가 상업지로 집중 개발되고 장승배기 종합행정타운 주변에도 인구와 투자가 몰릴 것으로 기대된다.

동작구 본동 강변유원아파트의 경우 브랜드 인지도는 다소 떨어지지만 한강과 노들섬 조망권을 갖추고 있어 중장기 투자자들이 관심을 가져볼 만한 단지로 꼽힌다. 한강변 아파트로 조망권과 한강변 생활에 있어서 만족도가 아주 높은 단지다. 반면에 단지 북측으로 노들로와 올림픽대로가 인접해 있어서 소음에 대한 문제점을 얘기하는 사람이 많다.

강변유원아파트 뒷변으로는 주택밀집지역으로 지역주택조합아파트 개발이 이뤄지고 있다. 지역주택조합 주도로 재개발이 추진되다 조합 부도로 10년가량 방치되었던 노량진 일대 노른자위 땅 개발이 본격화한다. 본동 441 일대 2만 9,743㎡ 땅 위에 지하 4층~지상 33층 6개동 주상복합 823가구를 조성된다.

절대 사라지지 않을 맹모, 더 높아지는 명문

좋은 집의 입지를 선택하는 데 필요한 여러 가지 요인들이 있다. 교통, 편의시설, 직장, 교육 등 참 많은 요인 중에서 각자에 처한 상황에 따라 우선 순위기가 달라진다. 하지만 30대가 지나 결혼을 하고, 자녀를 출산하게 되면 공통적으로 생각하면서 집을 옮기게 되는 것이 바로 '교육'이다.

좋은 학군이 위치한 좋은 환경에서 교육시키고 싶은 부모의 마음은 과거에나 지금이나 똑같다. 맹자 어머니는 어린 맹자에게 좋은 교육환경을 마련해주기 위해 3번이나 이사했다. '맹모삼천지교(孟母三遷之敎)'라는 고사성어에서도 알 수 있듯이 한국 부모의 교육열은 세계적으로도 이미 잘 알려져 있다.

맹모들에게는 좋은 고등학교, 대학교를 보낼 수 있는 학교가 위치한 곳으로 집을 옮기는 것은 무리수가 아니다. 이렇게 명문학군이 위치한 곳은 대기수요가 풍부하기 때문에 인근에 다른 지역에 비해 주택가격도 높게 형성된다.

전통적인 명문학군

전통적으로 명문학군 하면 떠오르는 지역이 강남 대치동과 양천구 목동, 노원구 중계동을 든다. 이들 지역은 여전히 맹모들에게 뜨거운 사랑을 받고 있기도 하다. 경기도교육청을 시작으로 외국어고등학교(외고)와 자율형 사립고등학교(자사고) 폐지가 본격 추진되면서 전통 명문학군의 명성을 다시 찾을 것이라 본다. 강남 8학군 지원을 위해 위장 전입을 하는 학부모들이 늘어나 강남의 부동산가격이 다시 들썩일 수 있다.

맞춤 수업 학원가와 재건축 기대감이 있는 대치동

강남의 집값이 크게 오르는 데 가장 큰 역할을 한 것이 바로 교육이라해도 과언이 아니다. 강남은 강북의 과밀인구를 분산하기 위해 1970년대에 개발이 대대적으로 이뤄졌다. 수요 분산을 위한 당시 유인책이 '명문학교' 이전이었다.

1976년 종로구 화동에 있던 경기고가 강남구 삼성동으로 옮긴 것을 필두로 명문고등학교들이 대거 강남지역으로 이전했다. 이로 인해 강남 8학군이 등장하게 되었다.

2000년 과외 금지가 위헌으로 결정되자 사교육시장은 급속도로 번성했다. 1990년대 중반부터 특목고가 8학군 고등학교의 지위를 대체했지만, 강남에 몰려 있는 학원가 덕에 강남의 교육 프리미엄은 건재할 수 있었다.

강남은 소위 '테북테남'으로 나뉜다. '테북'은 테헤란로 북쪽 압구정동·청담동 일대의 '할아버지가 부자'인 아이들이 사는 곳으로 교육열은 '테남'에 못 미친다. 대치동·개포동·역삼동 일대 '테남'에서는 의사, 변호사 등 전문직 종사자 및 대기업 직원 등 자녀 교육에 올인하는 부모들이 많다.

강남을 선택하는 이유는 바로 학원 때문이다. 그런 이유에 대치동은 아주 적합한 곳이다. 과목별·수준별로 종합반, 단기반 등 다양한 선택이 가능하며 이런 서비스를 최고 수준으로 제공하는 곳은 '대치동 학원가'라는 것이다.

앞서 가야 한다는 강박관념이 있는 우리나라 맹모들에게 학교 교육은 성에 찰 수가 없다. 요즘 학교의 교육은 수업에 못 따라 오는 학생들을 일일이 챙기던 옛날 교육방식이 아니다 보니 어쩔 수 없이 사교육의 힘을 빌리는 경우도 있을 것이다.

대치동 일대 아파트는 많이 노후화되어 있다. 대치동 내에서 1998년 이전 입주된 아파트는 무려 1만 가구가 넘는다. 강남의 대표 재건축 아파트로 꼽히는 은마아파트를 비롯해 우성아파트, 선경아파트, 미도아파트 등이 재건축 사업 본궤도에 오르게 되면 대치동의 가치는 더 높아질 것이다.

명문학군과 학원가를 모두 갖춘 목동

명문학군을 얘기할 때 대치동과 항상 함께 떠오르는 목동은 개발이 되었을 당시에는 베드타운 수준이었다. 하지만 1990년대 고층 주상복합 아파트가 들어서고, 서울남부지방검찰청, 서울남부지방법원 등 주요 관공서가 이전하고, SBS, CBS 등 방송국이 들어서면서 한 단계 더 도약하게 되었다.

개발 초기에도 강남처럼 학군 형성을 돕기 위해 강북에 있던 양정고(1988년 이전)와 진명여고(1989년 이전)를 이전시키기도 했으나 규모는 강남에 비해 작았다. 하지만 인구가 늘면서 자체적으로 자원이 늘고 학원가가 형성되면서 본격적인 사교육 2번지로서 위용을 갖추게 되었다.

목동의 학군은 목동뿐만 아니라 주변의 신정동과 신월동을 포괄한다. 목동에서 가장 유명한 학교는 명덕외고다. 명덕외고는 2016학년도 입시에서 서울대 배출고교 순위가 전국에서 13위고, 외고 가운데서는 전국 3위를 차지했다. 수시체제가 본격화된 2010년대 이후에도 꾸준히 수시에서 좋은 성과를 내고 있다.

목동은 중학교 파워가 더욱 크다. 목동에서 유명한 중학교는 월촌중(95.7%), 목운중(93.7%), 신목중(92.6%), 목일중(90.3%)을 들 수 있다. 이 학교는 2015학년도 학업성취도 국·영·수(국어·영어·수학) 평균도 90% 이상으로 아주 높다.

목동은 명문학교뿐만 아니라 학원가도 잘 갖춰져 있다. 목동은 대형학원이나 과목별 전문학원도 잘 갖춰져 있지만, 오피스텔을 중심으로 그룹 과외가 활성화되어 있다.

목동학군은 대치동에 이어 사교육 2번지의 명성을 아직까지 잘 이어가고 있다. 인구가 감소하고 점차 대학진학률도 낮아지면서 교육시장 변화도 예상되고 있지만 학교와 학원가를 모두 갖추고 있는 맹모들의 목동 사랑은 계속 이어질 것이다. 특히 서울 서쪽에서 학군이 좋은 곳이 없다. 반면 마포 상암지구 개발과 강서구 마곡지구 개발 등으로 인구 유입이 커지고 있어 학군을 따라 목동을 찾는 이들도 더 늘어날 것으로 보인다.

강북구를 대표하는 교육 특구 노원구 중계동

서울 노원구 중계동은 강북을 대표하는 교육 특구로 불린다. 아마 1970년대 강남 개발이 진행되지 않았다면, 지금 대치동의 명성은 중계동이 갖고 있을 것이다. 중계동의 개발은 도심 인구 집중 해소를 위해서 강남 개발에 이어 1980년대 후반 목동과 더불어 노원구 중계동·상계동·하계동 개발이 이뤄졌다. 이 중 중계동은 명문학군으로 성장하게 되었다.

중계동은 목동과 마찬가지로 유명한 학원가가 형성되어 좋은 학교들이 많다.

중계동 대표 일반고등학교는 서라벌, 재현, 청원, 대진 등 사립학교들이다. 서울대 입시 실적을 보면 서라벌은 2013년 12명, 2014년 9명, 2015년 8명, 2016년에는 10명을 배출했고, 창원고는 같은 기간에 4명, 7명, 7명, 6명, 대진고는 2014년 11명에 이어 5명, 7명, 재현고는 5명, 8명, 5명을 배출하는 등, 이들 학교들은 나름 좋은 입시 성적을 내고 있다.

하지만 출발선은 목동과 비슷했지만 중계동은 목동 다음이라는 이름을 지금까지 버리지 못하고 있다. 그 이유는 아파트 영향도 클 것이다. 학군, 그 지역에 어떤 사람들이 많이 유입되느냐에 따라 달라지는 경우가 많다. 돈이 많은 사람들이나 정계, 한마디로 어디에서 한자리 하는 사람들이 몰리다 보면 학교에 신경 쓰거나 투자하는 비율이 클 수밖에 없다. 이런 점을 감안하면 중계동은 아무래도 중소형 위주로 구성되어 있어 크게 성장하기에 한계가 있었을 것이다.

실제로 중계동은 전통적인 명문학군으로 꼽히지만 그에 비해 가격이 저렴하다. 전용 59㎡대는 2억~3억 원 수준이고, 84㎡는 4억~5억 원 수준이다. 중계동 내에 아파트는 1990년 초에 지어진 아파트가 많다. 재건축이 가능한 아파트가 많다는 의미다. 만약 재건축이 원활히 된다면 앞으로 변화될 중계동의 모습이 기대할 만하다.

중계동 아파트를 투자할 시에는 저층 단지나 사업 탄력을 받는 단지 중심으로 투자해볼 만하다. 가장 먼저 재건축에 들어간 단지는 상계주공8단지다. 1988년에 입주한 8단지의 경우 5층 저층 단지로 사업성이 좋은데다, 16개 단지 중 유일하게 조립식 구조로 지어져 안전상의 이유로 재건축 요구가 지속되었다. 이어 상계주공5단지와 8단지가 재건축에 속도가 날 것으로 보인다.

노원구는 서울 북서쪽 끝에 있는 전형적 '베드타운'이라 그동안 변두리 취급을 받았다. 중계동 학원가를 낀 '강북 대치동'으로 수요가 꾸준했지만 소형 위주의 아파트, 개발호재 부재, 강남·광화문으로 접근하기 불편해 집값 상승이 제한적이었다.

하지만 최근 개발 바람이 불어 창동차량기지국과 도봉면허시험장이 2019년 말까지 이전을 끝내면 그 자리에 대규모 컨벤션센터가 들어설 예정이다. 2만석의 규모 복합문화시설, 연구개발(R&D) 특화단지 등을 짓고 KTX광역환승센터도 들어선다. 2015년 8월 착공한 4호선 연장선이 남양주까지 뚫리면 파급효과는 더 클 것으로 기대된다.

신흥명문학군 판교와 송도신도시

외고와 자사고 폐지 추진으로 전통적인 명문학군이 다시 부활할 것은 분명하지만, 이미 정착한 신흥 명문학군들도 눈여겨봐야 한다. 대표적으로 판교와 송도신도시를 꼽을 수 있다.

성남시는 정자동과 서현동이 전통적인 선호학군이었다. 하지만 판교신도시가 개발되면서 백현동의 보평중학교와 판교동의 낙원중학교 등이 급부상하고 있다. 특히 지난 2009년 보평초·중학교가 혁신학교로 지정되고, 보평고등학교는 과학중점고로 전환되면서 신흥 교육 메카(Mecca)로 떠오르고 있다.

아직 분당에서 판교로 최상위권 학생들의 이동이 본격화되지 않았고, 특목고 합격자수도 판교가 적지만 판교신도시가 고급주거촌으로 거듭나고 있어 앞으로 명문학군으로 도약할 가능성도 크다. 특히 판교신도시는 강남 접근성이 탁월해 맹모들에게 큰 인기를 얻고 있다.

송도신도시는 인천의 학교에 새로운 희망을 주는 곳이라 해도 과언이 아니다. 전국 학업성취도 평가에서 드디어 인천 학교 2곳이 전국 100위권에 이름을 올렸다. 송도에 있는 해송중학교와 신송중학교 두 곳이다. 그리고 옹진군에 있는 영흥중학교도 눈에 띈다. 이 학교는 2013학년도 전국 학업성취도 평가에서 국·영·수 성적이 보통학력 이상 비율인 98.6%로 전국 6위를 차지했다.

평준화 이후 인천을 대표하는 학교는 특목고가 차지하고 있는데, 인천하늘고는 2014년 7명, 2015년 10명, 2016학년도 입시에서 총 15명의 서울대 합격자를 배출했다. 앞으로는 최근에 설립된 인천포스코고등학교(2015년)와 채드윅송도국제학교(2010년)도 주목된다. 포스코계열 자사고는 입시 전반과 수시 지원 노하우가 축적되어 있고, 동아리 등 입시 지원프로그램도 잘 갖춰져 있다.

길 하나를 사이에 두고 명문학군으로 배정받는 단지와 그렇지 않은 단지의 집값 차이가 수억 원이 나는 것으로 조사되었다.

판교신도시에서 보평초의 배정 여부에 따라 집값이 2억 원 가까이 차이가 난다. 삼평동은 금토천을 사이에 두고 북쪽으로 봇들마을 1·2·4단지가 있고, 남쪽으로 7·8·9단지가 위치한다. 이 중 혁신학교로 지정된 보평초등학교에 배정받을 수 있는 단지는 7~9단지로 1·2·4단지에 비해 집값이 무려 2억 원 가까이 차이가 난다. 봇들

마을8단지 전용 84m²는 2017년 11월 기준으로 KB부동산시세 일반 평균가가 10억 2,500원이다. 반면 봇들마을4단지 같은 주택형은 7억 8,250원으로 무려 2억 4천만 원 이상 차이가 난다.

문재인 정부는
강남 재건축을 막는다

2016년 11월, 서울 지역 중 강남4구(강남·서초·송파·강동)와 경기도 과천, 성남(공공택지), 하남시(공공택지), 남양주(공공택지), 고양시(공공택지), 동탄2신도시에서는 분양권 거래가 사실상 금지되었다. 또한 재당첨 제한과 1순위 제한 등의 규제책도 함께 포함되었다. 11·3부동산대책은 청약시장에 대한 규제가 집중적으로 나왔지만 기존 재고시장에까지 파장이 이어졌다.

강남구 대치동 은마아파트 전용 76m²는 2016년 10월, 12억 2천만 원에 형성되어 있었지만 11·3부동산대책이 발표되고 2달 동안 1억 원 가까이 떨어졌다. 송파구 잠실동 잠실주공5단지 전용 76m²도 14억 5천만 원까지 치솟았지만, 2달 후 13억 9천만 원까지 떨어졌다. 하지만 이들 아파트들의 가격 하락은 잠시였을 뿐 다시 가격이 회복을 뛰어 넘어 큰 상승세를 이어갔다. 대치동 은마아파트는 1년 후 13억 5,750만 원까지 상승했고, 잠실주공5단지는 무려 15억 8,500만 원까지 올랐다.

2017년 11월부터 강남 재건축 아파트 중심으로 가격이 급등했다.

8·2부동산대책 발표 이후 9월부터 감소하기 시작했던 서울 아파트 거래량이 갑자기 11월부터 급증하기 시작했다. 시장과 업계에서는 이상현상이라 했다. 공급부족, 집값 상승에 대한 기대감 등으로 대기 매수자들은 많은데 정부가 재건축 조합원 지위양도 금지를 하면서 거래 가능한 매물이 사라진 것이다. 이런 가운데 매물이 하나씩 나올 때마다 상승된 가격으로 나오고 거래가 되면서다. 그리고 2018년 4월부터 다주택양도세중과가 시행되면서 다주택자 매물이 점점 시장에 나오기 시작하고, 그 매물을 대기 매수자가 받으면서 11월부터 역대 최대치 거래량을 기록하면서 거래가 이뤄졌다.

문재인 정부는 집값 급등의 근원지라고 생각하는 강남을 대상으로 핀셋규제(부동산 과열에 대해 전방위적인 규제가 아닌 특정 과열 지역 혹은 특정 수요자들을 지정해 집중 규제하는 방식)를 하고 있다. 앞서 얘기한 재건축 조합원 지위양도 금지, 재건축 초과이익환수제 시행, 안전진단기준정상화(안전진단강화)를 들 수 있다.

우선 재건축 조합원 지위양도 금지는 해당 재건축 단지는 거래를 할 수 없는 것과 마찬가지다. 그런데 간혹 매물이 나오게 되면 당연히 희소성이라는 이유로 가격을 높여 내놓고, 다음 매물은 그보다 더 높은 가격에 내놓는다. 재건축 초과이익환수제 시행으로 개발이익이 환수되어 재건축 수익성이 하락하고 있다. 조합원 입장에서는 수익성이 떨어지는 만큼 재건축 추진에 힘을 싣기 힘들어지기에 다음 정권을 기다린다.

정부는 '안전진단 기준 정상화'라고 표현했지만 사실상은 안전진단 강화이다. 내용을 더 깊이 들여다보면 '강남 재건축은 웬만하면

재건축 초과이익 환수제 세금 부과율

조합원 1인당 평균이익	세금 부과율
3,000~5,000만 원	3,000만 원 초과 금액 10% × 조합원 수
5,000~7,000만 원	200만 원 × 조합원 수 + 5,000만 원 초과 금액 20% × 조합원 수
7,000~9,000만 원	600만 원 × 조합원 수 + 7,000만 원 초과 금액 30% × 조합원 수
9,000~1.1억 원	1,200만 원 × 조합원 수 + 9,000만 원 초과 금액 40% × 조합원 수
1.1억 원 초과	2,000만 원 × 조합원 수 + 1.1억 원 초과 금액 50% × 조합원 수

자료: 국토부

안전진단을 한 번에 받기 힘들다'라는 것이다. 안전진단을 한 번 거절당하게 되면 해당 단지는 가격이 큰 타격을 받는다. 어떤 원인으로 거절되었느냐에 따라 다르긴 하지만 안전진단이 거절되었다는 것은 다시 안전진단 신청까지 오랜 시간이 걸려 사업기간이 장기화된다는 것이기 때문이다.

일반 아파트가 3억 오를 때 재건축 아파트는 7억 오른다

잠실주공5단지 전용 76m²의 시세는 2018년 1월 기준으로 15억 원 정도이다. 이 아파트가 10년 전에는 얼마였을까? 글로벌 금융위기가 터진 2008년에 8억 6천만 원까지 떨어졌었다. 즉 9년 만에 두 배 정도 오를 것이다. 반면 같은 동네에 위치한 레이크팰리스는 같은 기간에 얼마가 올랐을까? 같은 기간 레이크팰리스 전용 84m²는 9억 원대에서 현재 12억 6천만 원대로 형성되어 있다. 잠실주공5단지 재건축이 7억 원 넘게 오를 때 일반 아파트인 레이크팰리스는 3억

사례로 본 재건축 소요기간

	통상 소요기간	반포 아크로 리버파크	디에이치 아너힐즈	송파 헬리오시티	둔촌 주공
정비구역지정	24개월		110개월	약 87개월	38개월
안전진단기준강화					
추진위원회(종전시점)	12개월	112개월			
조합설립인가	13개월	23개월	16개월		67개월
조합설립인가 이후 재건축조합원지위 양도 입주 때까지 제한					
사업시행인가	9개월	65개월	16개월	13개월	약 23개월
2018년 1월, 재건축초과이익환수제 시행					
관리처분인가	49개월	72개월	47개월	47개월	약 48개월(예정)
이주/분양	약 8년 11개월	약 22년 3개월	약 15년 7개월	약 12년 2개월	약 14년 9개월(예정)

자료: 매경이코노미

6,500만 원 오르는 데 그쳤다. 재건축과 일반 아파트 투자에도 차이가 있지만 아무 곳에도 투자를 하지 않고 은행예금으로 가지고 있었더라면 10년 동안 얼마를 모았을까? 아마 마이너스인 사람도 있지 않을까? 강남 재건축 아파트는 투자기간을 장기레이스로만 본다면 실패 없는 최고의 '투자상품'이라고 말할 수 있다. 강남 재건축 아파트는 투자 타이밍만 잘 맞춘다면 굳이 장기레이스가 아니어도 높은 시세차익을 누릴 수 있지만, 재건축 아파트는 시장의 변수에 민감하게 반응하기 때문에 장기레이스로 보는 게 안전하다.

잠실 주공5단지와 레이크팰리스 가격 상승 폭

자료: KB부동산시세

강남의 인프라와 재건축의 기대감까지

그렇다면 왜 강남 재건축 아파트에 열광하는 걸까? 왜 가격이 하락하면 매입해도 될까?

강남 재건축 아파트는 '강남'이라는 것과 '재건축'이라는 2가지의 성장 보장을 갖추고 있다. 우선 사람들은 주거공간을 선택할 때 삶의 만족도를 고민하기 마련이다. 그래서 생활이 편리할수록 사람들의 유입이 많다. 주택시장은 편의시설, 문화시설, 교통, 학교, 직장 등의 인프라가 잘 갖춰질수록 수요층이 탄탄하다. 수요가 많으면 가격도 자연스럽게 오르기 마련이다.

강남은 위에 제시한 모든 인프라가 잘 갖춰져 있다. 특히 모든 이들이 선망하는 수준의 고급 인프라라는 점에서 그 가치가 남다르다.

강남은 8학군을 갖춘 명문학군의 대표적인 곳이며, 강북은 물론 경기도, 그리고 지방으로 이동이 편리한 사통팔달의 교통을 자랑한다. 지하철이 개통된다는 얘기가 나오면 모두 강남과 연결이 된다. 직장 또한 강남 테헤란로에 이어 삼성동, 송파 잠실, 문정동 등으로 업무지구가 확대되고 있다. 한강과 올림픽공원, 도곡공원, 양재시민의숲, 양재천 등 대규모 공원 등 녹지도 풍부하다.

재건축 사업 탄력도 그 어느 지역보다 빠르다. 재건축 사업은 실수요자보다는 투자수요가 상대적으로 많아야 사업 진행 속도가 빠르다. 강북은 실수요자들이 많고 강남은 상대적으로 투자 수요가 많다. 재건축 아파트는 사업 진행이 하나씩 될 때마다 큰 폭으로 상승한다. 때문에 투자 수요가 많은 강남 재건축은 사업 진행 속도가 다른 지역에 비해 상대적으로 빠르고, 가격 상승 폭도 크다.

단 강남 재건축 아파트가 가격이 떨어졌다고 해서 모든 강남 재건축 아파트가 매수 매력이 생긴 것은 아니다. 재건축 사업 진행이 빨라야 한다. 물론 가격은 오르겠지만 같은 조건에서 속도가 빠른 강남 재건축 아파트가 2억 원이 오를 때 재건축 사업 속도가 더딘 아파트는 시세차익이 그 절반에도 못 미칠 수도 있다.

주택 수요가
있는 곳의 아파트

생산인구가 줄어든다는데
일본처럼 집값이 폭락할까?

2017년 우리나라 노인인구가 처음으로 유소년인구를 넘어선 것으로 조사되었다. 저출산·고령화의 심화로 생산가능인구도 줄어드는 실정이다.

통계청이 내놓은 '2017 한국의 사회지표'를 보면 2017년 우리나라의 총인구는 5,145만 명으로 2016년에 비해 0.39% 증가한 것으로 집계되었다. 통계청은 2032년 이후부터 총인구가 감소하기 시작해 2060년에는 인구성장률이 −0.97%에 이를 것이라고 전망했다.

우리나라 중위연령은 지난 2014년(40.3세)에 이미 40세를 넘어선 가운데, 2017년에는 42세를 기록했다. 통계청에 따르면 2033년이 되면, 한국의 중위연령은 50.3세가 될 것으로 점쳐진다. 2017년 우리나라의 65세 이상 고령인구는 707만 6천 명으로 전체 인구의 13.8%를 차지했다. 반면에 15세 미만 유소년인구는 675만 1천 명으로 13.1%에 그쳤다. 유소년인구보다 고령인구 비중이 더 커진 것은 이번이 처음이다. 고령인구를 유소년인구로 나눠 100을 곱한 노령화지수는 104.8명로 조사되었다.

생산인구를 말하는 이유는 곧 주택시장과 관련이 있기 때문이다. 노동생산성 둔화는 우리 경제의 성장잠재력을 갉아먹고 활력을 떨어뜨리는 핵심 원인으로 지목된다.

유럽 주요 국가들은 고령인구가 14%를 넘는 고령사회에 진입하고 10~20년 뒤에 생산가능인구가 감소했으나, 우리나라는 생산가능인구 감소가 먼저 시작되고 고령사회에 진입할 것으로 내다봤다. 우리나라의 생산가능인구 감소 속도가 유례를 찾아볼 수 없을 정도로 빠르게 진행된다고 보고서는 강조하고 있다.

일본과 유럽에서는 생산가능인구 감소가 경제 불황과 겹치며 경제위기를 불러일으켰다. 일본은 생산가능인구가 감소한 1995년 부동산버블 붕괴와 맞물려 '잃어버린 20년'이 본격화되었으며, 유럽은 생산가능인구 감소가 본격화되기 시작한 2010년대 글로벌 금융위기의 직격탄을 맞았다. 주택 수요가 되는 총인구가 감소하고 돈을 버는 생산인구의 감소는 기존 세대의 부동산을 사줄 인구가 감소한다는 뜻이다. 그리고 높은 저출산율은 앞으로 집을 사지 않고 물려받는 세대가 된다는 의미이기도 하다.

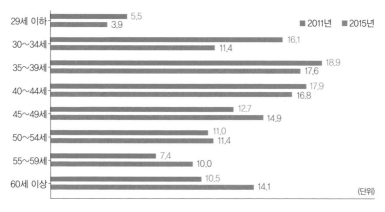

연령별 아파트 구입자 비중 변화

연령	2011년	2015년
29세 이하	5.5	3.9
30~34세	16.1	11.4
35~39세	18.9	17.6
40~44세	17.9	16.8
45~49세	12.7	14.9
50~54세	11.0	11.4
55~59세	7.4	10.0
60세 이상	10.5	14.1

(단위)

자료: 한국감정원

　그렇다면 앞으로 집값은 일본처럼 폭락을 하는 걸까? 한국은행 금융안정국은 2017년 '인구 고령화가 주택시장에 미치는 영향'이란 보고서에서 인구 구조가 고령화되더라도 주택가격의 급격한 조정 가능성은 제한적이며 고령화가 되더라도 주택 수요는 계속 늘어날 것이라고 밝혔다.

　보고서는 2017년부터 생산가능인구가 줄더라도 향후 20년간은 주택 수요는 계속 증가할 것으로 추정했다. 연령과 세대 변화를 고려한 틀(APC 모형)을 활용한 분석에 따르면, 주택 수요는 2016~2020년 연평균 1.7%, 2031~2035년 연평균 0.8% 증가할 것으로 나타났다. 증가세는 주춤하지만 주택 수요 자체는 감소하지 않는다는 뜻이다.

　보고서는 주택 수요가 계속 늘어나는 이유로 1~2인 가구 증가를 우선 꼽았다. 전체 인구는 줄거나 증가세가 둔화하더라도 가구수는

서울시 구별 생활인구와 주민등록인구

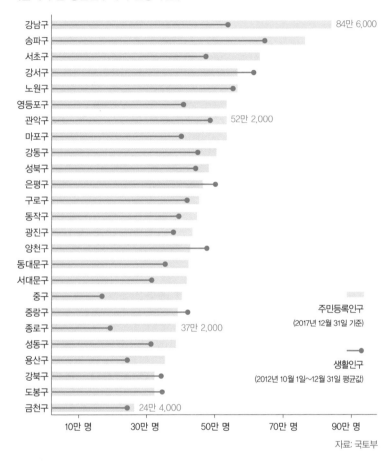

자료: 국토부

많이 늘어나면서 주택 수요를 뒷받침하게 된다는 것이다. 1~2인 가구수는 지난 2015년 말 현재 약 1천만 가구 정도이나 2030년에는 이보다 400만 가구가 더 늘어날 예정이다. 1~2인 가구수 증가는 주거면적 측면에서 중소형 주택(85㎡ 이하)에 대한 선호를 계속 강화할 것이며 도심 집중화를 더 심화시킬 것이다.

그리고 인구는 줄어들지만, 지역별로 인구가 몰리는 곳은 여전히 몰릴 것이다. 실제로 서울 생활인구를 보면 알 수 있다. '서울 생활인구'는 서울에 주민등록이 되어 있는 상주인구와 직장·교육·의료 등을 이유로 일시에 서울에 머무는 비상주인구, 관광을 위해 서울을 찾은 외국인 인구까지 서울의 행정서비스 수요를 유발하는 모든 인구를 포함하는 개념이다.

서울 생활인구가 가장 많은 자치구로는 이른바 '강남 3구'였다. 강남구 생활인구는 84만 6천 명으로 주민등록인구 56만 1천 명보다 50.8%나 많았다. 이는 주택, 상가 등 부동산시장에도 영향을 미치는 요인으로 보인다. 송파 76만 6천 명, 서초 62만 2천 명이었다. 가장 적은 곳은 금천 24만 명이었다.

변화할 가치가 높은
소득수준 높은 곳

소득이 높다는 것은 가지고 싶은 것도 많다고 할 수 있다. 자금력이 풍부한 만큼 삶의 만족도도 높기를 원한다. 자녀들의 교육도 최고로 시키고 싶고, 쾌적한 주거환경도 누리기 원하며, 시간도 최대한 단축시켜 업무에도 지장이 없기를 바란다. 이렇게 볼멘 소리들이 나와야 그 지역이 바뀌기 마련이다.

재건축을 예로 들어도 그렇다. 재건축이 빨리 되기를 원하는 목소리가 많이 모여야 사업 추진이 빨리 되고 집값도 오른다. 그런데 재건축 추진은커녕 반대하는 목소리가 크면 변화하기 힘들다. 부동산은 변화에 따라 가치가 높아지기 때문에 자산가들이 많이 몰리는 곳은 집값이 오를 수밖에 없다.

급여는 종로구가 1등, 자영업소득은 강남구가 1등

목동신시가지가 개발되었을 당시에는 베드타운 수준이었다. 하지만 1990년대 고층 주상복합 아파트가 들어서면서 자산가들이 많이 유입되었다. 그리고 서울남부지방검찰청, 서울남부지방법원 등 주요 관공서가 이전하는 등 소위 우리나라에서 이름 좀 날리는 사람이 많이 들어오면서 목동신시가지는 변화하기 시작했다. 인구가 점진적으로 늘고 자체적으로 투자를 하면서 본격적인 사교육 2번지의 위용이 시작되었다.

강남 대체신도시로 개발된 판교신도시 역시 마찬가지다. 판교신도시는 강남에서 살던 사람들이 좀더 넓고 쾌적한 주거환경에 살고 싶어 이전해 오는 사람들이 많다. 때문에 소득과 소비수준이 높다. 판교신도시는 앞으로 제2판교테크노밸리 조성 등으로 소득수준이 높은 배후수요가 지속적으로 증가할 가능성이 크다.

그렇다면 실제적으로 서울에서 소득수준이 높은 곳은 어디일까?

2018년 신한은행이 조사한 서울시 생활금융지도(소득편)에 따르면 서울 직장인 사회초년생(26~30세)의 월급 수준은 195만 원이었고, 금융회사 대기업 등 주요 기업이 밀집해 있는 광화문 일대가 가장 높은 것으로 나타났다. 서울시에서 장사를 하는 자영업자 소득은 강남구 신사동이 389만 원으로 가장 많았다. 이는 직장 및 자택이

서울시 생활금융 지도

지역별 급여수준(단위: 만 원)

종로구	355
중구	325
영등포	320
서초	312
강남	301
서울 평균	223

※ 해당지역 소재 기업급여이체액(98만 명) 기준

업종별 자영업자 소득이 높은 동(洞) (단위: 만 원)

의료업종

음식업종

교육업종

833
종로구
공평동

1999
강남구
논현동

497
강남구
대치동

※ 월 평균 가맹점 매출 입금액 기준

자료: 신한은행

서울시로 등록된 신한은행 고객 155만 명의 빅데이터 분석을 토대로 작성된 것이다.

신한은행이 2017년 말 기준으로 서울시 급여소득자 128만 명의 급여이체 통장 자료를 분석한 결과 서울 직장인의 평균(중앙값) 월급은 223만 원, 급여 인상률은 6.1%로 집계되었다. 급여수준이 가장 높은 지역은 주요 기업이 밀집해 있는 종로구(355만 원)였다.

특히 광화문(공평동·태평로·세종로·무교동·서린동), 여의도, 강남(역삼동·삼성동), 상암 등 주요 업무지구 중에서 광화문 일대 직장인 급여가 457만 원으로 가장 많았다. 광화문 지역은 명절 상여금 등으로 설 전후 급여가 평균 26% 올라 '설 효과'가 큰 지역으로도 꼽혔다.

연령대별로는 사회초년생에 속하는 26~30세가 195만 원을 벌었고 금융사와 대기업이 있는 종로구 공평동(372만 원), 항공사 직원이 많은 강서구 공항동(346만 원)의 급여 수준이 높았다. 이어 31~35세 256만 원, 36~40세 287만 원, 41~45세 327만 원 등으로 높아졌다가 46~50세에는 322만 원으로 다시 하락했다. 대기업에서는 50세까지 급여가 늘지만 중소기업은 40대 초반에서 최고 수준을 찍고 낮아지기 때문이라는 게 신한은행 측 설명이다.

신한은행이 자영업자 11만 명을 대상으로 카드 가맹점 매출을 살펴본 결과 2017년 서울시 자영업자들의 월 소득(중앙값)은 172만 원으로 나타났다. 강남구(298만 원), 서대문구(245만 원), 서초구(240만 원) 순이었다. 소득수준 1위인 강남구 내에서도 가로수길 등 대표상권이 밀집한 신사동이 389만 원으로 가장 많았고, 자곡동(375만 원), 대치동(322만 원)이 뒤를 이었다.

생활이 편리한
도심 역세권 아파트

20~30년 전까지만 해도 일본 직장인들은 교외에 마당 넓은 '나의 집'을 짓고 사는 게 꿈이었다. 최근 몇 년간 힐링을 찾아 수도권 외곽지역으로 옮겨간 우리의 모습과 닮아 있다. 일본도 역시 20~30년 전에 복잡한 도심에서 벗어나 나의 집에서 자연을 만끽하며 살고 싶어 했다. 출근 시간이 2시간이나 되지만 꿈의 집이었던 전원생활이 현실이 된 것만으로 감내했다. 이 때문에 도쿄나 오사카 등 대도시 인근에 단독 주택 건설 붐이 일었었다.

하지만 최근의 일본의 모습을 보면, 당시 꿈의 집을 짓던 샐러리맨들은 어느새 고령자가 되었다. 병원을 찾는 횟수가 늘고, 몸이 허약해지면서 대궐같은 집을 청소하고, 잔디를 관리하는 것도 힘에 부쳐 그들은 30년 전에 떠났던 도쿄로 다시 회귀하고 있다.

앞으로 실패 없을 부동산 재테크는 '도심 역세권 아파트'

실패가 없는 부동산 재테크 방법 중 하나가 도심의 역세권 아파트를 구입하는 것이다. 앞으로 부동산시장이 변화할 요소를 따져보면 그 이유를 알 수 있다. 우선 부동산시장에서 과거처럼 하루아침에 몇천만 원, 많게는 몇억 원씩 올랐던 시대는 오지 않을 것이다. 이제 부동산시장은 투자자만 득실되는 시장이 아니라 투자자와 실수요자 중간에 있는 수요자들이 움직이는 시장이 될 것이기 때문이다.

과거에는 부동산 수요자들이 대부분이 투자자였기 때문에 대형 주택이 인기를 끌었다. 가격 규모 자체가 다르기 때문에 오를 때에도 소형과는 차원이 달랐다. 하지만 실수요자들이 움직이는 시장은 투자금액이 적어야 하고, 환금이 좋아야 하기 때문에 소형아파트가 인기를 끌 수밖에 없다.

인구의 변화도 중요한 요인이다. 지금 가구원수가 3~4명이라면 앞으로는 1인 가구가 전체 인구의 절반을 차지하는 시대가 올 것이다. 그들은 소형아파트가 필요하고 편의시설을 가까이에서 누릴 수 있는 도심을 선호할 것이다.

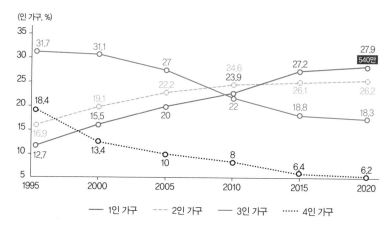

연도별 가구원수 비율

(인 가구, %)

자료: 국토부

'1인 가구·고령화' 가속화 되는 인구의 변화

급증하고 있는 1인 가구가 30여년 뒤에는 전체 가구의1/3을 넘어서, 모든 시도에서 가장 보편적인 가구 형태로 자리잡을 것이라는 통계당국의 분석이 나왔다. 1인 가구 비중이 높은 강원과 충북은 10가구 중에 4가구 이상이 홀로살이 가구가 될 전망이다.

급격한 고령화로 인해 노인가구 비중도 급증한다. 2045년에는 세종시를 제외한 16개 시도에서 고령자 가구 비중이 40%를 넘어서게 될 것으로 보인다. 특히 전체 1인 가구의 절반 이상이 독거노인이 될 것으로 조사되었다.

2017년 통계청이 발표한 '장래가구추계 시도편: 2015~2045년'에 따르면 우리나라 총가구는 2015년 1,901만 3천 가구에서, 2043년 2,234만 1천 가구까지 늘어난 뒤, 2045년에는 2,231만 8천 가구수준을 기록할 전망이다. 2045년 시도별 가구는 경기 562만 가구, 서울 365만 2천 가구, 경남 146만 9천 가구 등의 순으로 높게 예상되었다.

재테크를 할 때는 인구의 변화에 주시해야 한다. 그 중에서도 다음 3가지를 주시할 필요가 있다.

첫째, 전체적인 가구수가 증가하는 대신 가구원수는 감소한다. 가구원수는 감소하나 가구수가 증가한다는 것은 집이 필요로 하는 구성체는 늘어난다는 것이다.

둘째, 우리사회의 가구 유형이 핵가족화를 지속해 1인 가구로 수렴한다는 것도 주목해야 한다. 전체 가구 대비 1인 가구 비중은 2015년 27.2%(518만 가구)에서 2045년 36.3%(809만 8천 가구)로 대폭 상승한다. 이에 따라 17개 시도에서 모두 1인 가구가 가장 주된 가구 유형이 된다. 핵가족과 1인 가구가 증가한다는 것은 작은 집이 필요한 수요자가 늘어난다는 것이다.

셋째, 고령자가 늘어난다. 가구주가 65세 이상인 고령자 가구 비중은 2015년 19.3%(366만 4천 가구)에서 2045년 47.7%(1,065만 3천 가구)로 치솟는다. 가장의 절반이 '노인'이라는 뜻이다. 고령자가 많다는 것은 재테크에서 어떻게 봐야 할까? 그들은 대형병원과 편의시설, 서비스가 잘되어 있는 도심으로 몰릴 것이다.

찾는 이가 많으니 가격이 오르는 건 당연지사

1인 가구 등 핵가족화로 소형아파트 수요가 늘면서 가격 상승률도 소형아파트 중심으로 크게 올랐다. 부동산114 기준으로 2016년 서울 소형아파트(60m² 이하) 3.3m²당 매매값 상승률은 10.55%를 기록했다. 이는 서울 중형아파트(60~85m² 이하)와 대형아파트(85m² 초과) 상승률보다 각각 2.81%포인트, 4.02%포인트 높았다. 2015년에도 서울 소형아파트 상승률은 10.14%였다. 이는 중형 및 대형아파트보다 각각 3.57%포인트, 6.14%포인트 높았다. 이 같이 소형아파트가격 상승이 두드러진 이유는 1인 가구 등 실수요층뿐 아니라 투자수요층도 두터워서다.

경기도 상황도 마찬가지다. 경기도 소형아파트 3.3m²당 매매값 상승률은 2016년 5.46%였다. 이는 중형 및 대형아파트 대비 각각 2.07%포인트, 4.07%포인트 높았다.

오피스텔도 소형일수록 임대 수익률이 높았다. 서울 소형 오피스텔(20m² 미만)의 2016년 임대수익률은 5.38%였다. 같은 기간 서울 중형과 대형 오피스텔 임대수익률은 각각 5% 초반, 4% 초반 수준에 머물렀다. 서울과 경기도는 1인 가구가 많아 향후 소형주택가격 및 임대료 상승을 주도할 것으로 보인다.

공공기관이 들어오면
집값 상승도 옮겨온다

2018년 5월 기준 1년간 세종시 집값은 3.4%가 올랐다. 공급과잉이라는 재앙을 만난 지방 집값이 다 떨어지는 가운데 세종시는 나홀로 상승세를 보이고 있다. 수도권에서는 송파구와 강서구 집값이 훨훨

난다. 송파구 5.86%, 강서구 5.69%가 올랐다. 수도권에서 가장 높은 상승률을 기록했다. 세 지역의 공통점은 무엇일까? 이들 지역은 공공기관 이전으로 인해 집값이 뛰어오르고 있다는 것이다.

'상전벽해' 그 자체인 행복도시 세종시

2002년 노무현 전 대통령의 대선공약으로 첫 출발을 알리게 된 세종시의 모습은 당시 논과 밭, 구릉지뿐이었던 허허벌판이었다. 세종시는 2004년 8월 연기군과 공주시 지역 일대가 신행정수도 입지로 최종 확정되면서 세종시의 탈바꿈이 시작되었다.

허허벌판에 정부청사 등 공공청사가 들어섰고 대규모 아파트단지가 세워졌다. '신행정수도'에서 '행정중심복합도시'로 축소 건설되는 우여곡절을 겪으면서도 '국토균형발전'의 상징도시로 발돋움했다. 4차례로 나눠서 단계별 행복도시 이전 완료 현황을 보면 다음과 같다.

- 1단계 2012년 : 총리실, 국토교통부 등 15개 중앙행정기관 5,842명
- 2단계 2013년 : 보건복지부 등 16개 중앙행정기관 4,716명과 한국개발연구원(KDI) 등 2개 정부출연연구기관 618명
- 3단계 2014년 : 국세청 등 5개 중앙행정기관 2,341명과 한국조세재정연구원 등 12개 정부출연연구기관 2,574명
- 4단계 2015년 ~ 2017년 1월 : 국민안전처 등 4개 중앙행정기관 1,800명과 국토연구원 353명이 이전 완료했다.

세종시는 '상전벽해' 그 자체였다. 출범 당시 10만여 명이던 인구가 26만 명으로 증가하는 등 세종시는 대한민국 중심도시로 꾸준히 성장했다. 정부는 국토 균형발전과 수도권 과밀해소를 위해 2030년까지 22조 5천억 원을 투입해 인구 50만 명의 자족도시 완성을 목표로 하고 있다.

개발이 되고, 수요가 들어오면서 집값 움직임도 달라지고 있다. 세종시는 기반시설 부족과 세종시의 미래 불확실성 등으로 집값도 불확실했다. 2013년 한 해에는 기대감으로 6.8%가 올랐지만 2014년에는 1.7%, 2015년에는 0.9%가 하락했다. 하지만 교통과 학교, 편의시설 등 인프라가 속속 갖춰지면서 2016년에 0.5% 오름을 시작으로 2017년 10월까지 4.3%가 올랐다.

2017년 5월 도담동 한림풀에버 아파트 전용면적 148m²(펜트하우스) 27층 아파트가 세종시에서 가장 비싼 12억 원에 거래되었다. 2012년 11월 당시 분양가격은 7억 6천만 원이었다. 4년 6개월 사이 57.9%(4억 4천만 원)나 뛴 것이다.

헐헐벌판이었던 곳이 직주근접으로 탈바꿈된 문정동

서울 송파구 문정동도 세종시와 마찬가지로 상전벽해가 어울리는 곳이다. 문정동은 과거 송파구의 가장 외곽 지역에 속했다. 문정동은 대표적인 대단지 아파트인 올림픽훼미리타운을 지나면 논밭만 보이는 헐헐벌판이었다. 이곳이 강남권이라고는 믿을 수가 없는 시골이었다. 문정동이 위치한 지하철 8호선 문정역은 출근시간이 되면 지하철역 개찰구에서 빠져나오는 사람들은 거의 찾아볼 수 없었다. 하지만 지금의 문정역은 강남역 못지 않은 출·퇴근 수요가 개찰구에서 빠져나온다.

하지만 법조타운 조성을 비롯해 인근 위례신도시와 SRT 등의 대규모 개발이 이뤄지면서 문정동 지도가 새롭게 그려지기 시작했다.

문정동의 가장 큰 호재는 문정미래업무지구 입주다. 이곳에는 동부지방검찰청과 동부지방법원, 등기소, 경찰기동대, 법무부 부속시설 등 공공청사는 물론 정보기술(IT)·바이오·의료 등 업무·상업시설이 한꺼번에 들어선다. 서울 변두리 지역이 직장과 업무가 가까운 직주근접단지로 재평가된다. 문정 법조타운이 속한 문정도시개발구역 입주가 완료되면 4만 명 이상 일자리 유입이 기대된다.

인구 증가세에 걸맞게 생활, 유통 관련 시설도 올해 많이 확충된다. 장지역 가든파이브에 개장한 현대백화점 '시티아울렛'이 대표적이다. 가든파이브 개점 때는 없던 4만 3천 가구 위례신도시 배후 수요가 생겼고, 문정 법조타운이 더해지면 가든파이브의 부활 여부도 관심사다.

교통여건이 획기적으로 개선된 것도 고무적이다. 수서에서 출발하는 수서발고속철도(SRT)가 지난달 개통해 동탄까지 15분 내 주파가 가능해지면서 삼성전자 화성(동탄)산업단지로 출·퇴근하는 사람들의 편의가 향상되었다. 이 밖에도 위례~신사 경전철도 주간사인 삼성물산이 발을 빼며 위기가 왔으나 GS건설이 바통을 받으면서 다시 기대감이 커졌다. KB부동산시세 2018년 5월 기준, 송파구 아파트 매매값은 최근 1년간 14.7%가 올랐다. 올림픽훼밀리타운 84.75㎡는 2017년 7월 6층 물건이 10억 원에 계약되었다. 이 아파트 해당 면적

역대 최고가다. 2017년 2월, 같은 층이 8억 4,500만 원에 팔렸던 것
과 비교하면 5개월 만에 1억 5천만 원 정도 오른 셈이다.

공공기관의 지방 이전 목표로 조성되는 혁신도시

혁신도시도 공공기관이 이전하는 대표적인 사례로 꼽힌다. 혁신도시
는 공공기관의 지방 이전을 목표로 조성하는 도시다. 2016년 기준으
로 전국 혁신도시 내 154개 공공기관 중 136개가 이전을 완료했다.

울산과 진주, 원주, 전주 등 혁신도시의 아파트 평당 거래가격이
2015~2016년 2년 사이 29%까지 치솟았다. LH(한국토지주택공사)와
한국남동발전, 주택관리공단, 중소기업진흥공단 등 공공기관 11곳
중 10곳이 이전을 완료한 진주혁신도시는 1년 만에 28.8%나 증가하
며 2016년 기준 3.3m²당 평균 매매 거래가격이 795만 원까지 치솟
았다.

한국석유공사와 근로복지공단 등 공공기관 9곳의 이전을 마친 울
산우정혁신도시의 아파트 매매가는 도시가 조성되기 시작한 2007년
부터 지속적인 오름세를 기록하다가 3.3m²당 842만 원까지 올랐다.
27.4%나 오른 셈이다.

그렇다면 공공기관이 이전하는 곳이 왜 좋은 걸까? 구청을 비롯
해 행정기관이 들어서 있는 곳은 시간을 단축시킬 수 있고, 이런 관
공서와 상호작용할 수 있어 업무 효율성을 높일 수 있다. 그렇기 때
문에 자연스레 기업도 몰리게 된다. 관공서와 함께 기업이 몰리면
생활이 편리하기 때문에 주택수요가 생기고, 수요가 증가함으로써
주변 도로나 지하철, 편의시설도 함께 들어서게 된다.

서울 집값 폭등으로
서울 같은 경기도의 몸값이 오른다

서울 아파트가격이 규제에도 아랑곳 않고 치솟으면서 서울 시내 '내
집 마련'에 부담을 느낀 실수요자들이 인근 경기권 도시로 이동하고
있다. 서울을 떠난 주택수요자들을 흡수하면서 서울과 맞닿은 경기
도 주요 도시 아파트는 나날이 인기와 몸값을 높이고 있다.

주택수요자 대안으로 서울 접경지역 인기

부동산114에 따르면 서울 아파트의 3.3m²당 평균 매매값은 2017년
초 1,924만 원에서 6개월 만에 2,030만 원으로 5.51% 상승했다. KB
부동산시세 자료분석 결과 서울 아파트의 3.3m²당 평균 가격은
2016년 초 1,884만 원에서 6개월이 지난 후 2,013만 원으로 6.85%
올랐다. 2016년 3% 남짓이었던 서울 아파트가격 상승률이 2017년
2배 가까이 커진 셈이다.

매매가 강세 영향으로 서울 아파트 분양가도 동반 상승세다. 강동
구를 예로 들면 2017년 6월 분양된 고덕센트럴아이파크의 3.3m²당
평균 분양가는 2,235만 원, 고덕센트럴푸르지오의 3.3m²당 평균 분양
가는 2,650만 원으로 모두 당시 강동구 아파트 시세인 2,122만 원을
웃돌았다.

서울 아파트가격이 고공행진을 이어가자 서울 시내 '내 집 마련'에
부담을 느낀 실수요자들이 서울 접경지역으로 향하는 움직임이 빨라
지고 있다. 서울 접경지역 청약시장에서는 해당지역 청약자보다 기

타지역 청약자가 더 많이 몰리는 사례가 빈번하게 나오고 있다.

2017년 7월 고양시에서 분양된 지축역 센트럴푸르지오는 1순위 청약 접수 결과 당해지역 접수자가 3,151명, 기타지역 접수자가 3,499명이었다. 김포시에서 2017년 5월 분양된 한강메트로자이1단지 역시 1순위 청약접수에서 당해지역 접수자가 4,783명, 기타지역 접수자가 5,998명으로 조사되었다. 청약 당시 주소지가 서울인 청약자들이 기타지역 접수자로 집계되면서 당해지역 접수자보다 기타지역 접수자가 많아진 것으로 풀이된다.

서울과 거리가 있는 안산, 수원에서 최근 분양된 그랑시티자이2차(당해 1만 5,382명, 기타 4,709명), 호매실 금호어울림(당해 232명, 기타 47명)의 경우 당해지역 청약자가 기타지역 청약자보다 훨씬 많았다는 사실이 이를 뒷받침한다.

서울 접경지역 분양시장에선 청약경쟁률도 기본이 수십 대 1 수준이다. 지축역 센트럴푸르지오는 503가구 모집에 8,221명이 몰리며 평균 16.34 대 1 경쟁률로 1순위 마감되었다. 한강메트로자이1단지는 1,037가구 모집에 1만 781건이 접수되어 평균 10.40 대 1의 경쟁률을 기록했다. 성남시 백현동에서 분양된 판교 더샵퍼스트파크는 854가구 모집에 1만 1,437명이 몰리면서 13.39 대 1의 경쟁률로 1순위 마감에 성공했다.

수요자들이 몰리면서 서울 인접 지역 아파트의 매매가 오름세도 가파르다. 경기도 내 31개 시·군 가운데 2017년 1월~7월 아파트가격이 가장 많이 오른 10곳 중 7곳은 서울 접경지인 하남(4.83%), 과천(3.99%), 성남(3.13%), 구리(2.63%), 안양(2.44%), 광명(1.75%), 고양

(1.54%) 등이었다. 이 기간 경기도 평균 상승률은 1.27%였다.

서울 아파트가격이 강세를 이어가는 한 서울과 맞닿은 주요 도시 아파트는 수요와 몸값 모두 상승곡선을 이어갈 것으로 보인다.

서울과 맞붙어 있는 경기가
변두리 서울보다 낫다

서울 중구 신당동에 사는 박 씨는 요즘 전셋집 때문에 밤잠을 설친다. 전세 만기를 앞두고 집주인이 전세금을 3천만 원이나 올려달라고 했기 때문에 전세금을 올려주느니 차라리 내 집 마련을 하는 게 낫지 않을까 고민중이다. 지금의 아파트 전세금이면 서울과 접해 있는 광명시에 중소형아파트 매입이 가능하다는 이야기를 들었기 때문이다. 직장이 있는 시청까지도 50분 남짓이면 이동이 가능하고, 아이들은 자연과 한층 더 가까이 지낼 수 있을 것이라는 기대감도 높다.

서울 서초구 잠원동에 직장을 둔 양 씨는 맞벌이 부부다. 남편의 직장은 광화문에 있어서 신혼집은 남편과 양 씨 모두 출·퇴근할 수 있는 강동구에 오래된 아파트 전용 59m²를 3억 5천만 원에 마련했다. 그녀와 남편은 직장까지 약 50분가량 걸린다. 그런데 집이 광명시인 직장동료 이 씨의 출·퇴근 시간을 듣고 깜짝 놀랐다. 이 씨는 집인 광명에서 회사까지 30분 걸린다고 한다. 뿐만 아니라 같은 면적의 새 아파트를 3억 원에 거주하고 있다는 얘기에 양씨는 이사를 심각하게 고민하고 있다.

과천과 분당이 사랑받은 이유

서울보다 더 나은 경기도 지역으로 과천과 분당신도시를 들 수 있다. 과천의 역사는 1975년 12월 수도권 인구분산 계획에 의거 수립된 정부 제2청사 건립계획으로부터 시작된다. 정부과천청사는 대지면적 369,991m²(111,921평)을 확보해 개발되기 시작했다.

1979년 4월 청사1·2동이 착공되면서 정부과천청사 부지가 개발되기 시작했다. 1985년 12월 청사3·4동이 준공되어 1986년 1월 상공부, 재무부, 노동부, 동력자원부가 입주해 정부기관이 세종시로 이전되기 전까지 정부과천청사 입주기관은 9개 중앙행정부처 5,500여 명이었다. 과천은 이렇게 중앙행정부처가 위치하는 중요한 역할을 했을 뿐만 아니라 강남구와 바로 접해 있는 입지적 장점으로 주목받아 왔다.

분당신도시의 역사는 정부가 만성적인 주택공급 부족현상을 해소하기 위해 1988년 9월 주택 200만 호 건설계획을 수립하면서 분당신도시가 탄생했다. 1992년 입주와 함께 본격적으로 기반시설이 갖춰지면서 강남 부유층들이 분당으로 이동했다. 분당신도시가 건설되면서 서울에 본부를 두었던 각종 공기업들(한국토지공사, 한국통신, 한국가스공사, 대한주택공사 등)이 분당으로 이전했다. 2001년에는 분당신도시 역세권 약 267만m²가 벤처기업 육성촉진지구로 지정되었다. 이 지구에 다수의 민간 벤처빌딩 외에 SK텔레콤연구소, 삼성연구소, 포스데이타 등의 대기업을 비롯해 GNG네트웍스IDC센터, 전자부품연구원 등이 자리잡고 있다. 야탑동에는 약 16만m²의 분당테크노파크, 정자동에는 약 33만여m²의 분당벤처타운이 조성되어 있다.

경기도 집값의 선도역할을 한 과천과 분당신도시의 공통점을 보면 여러 가지가 있다. 먼저 서울 접경지역을 넘어 강남과 접해 있다는 입지적 공통점을 가지고 있다. 그리고 정부부처나 기업이나 대규모 수요가 유입되었고, 꾸준한 수요 유입이 있었다는 것이다.

왜 서울 접경지역이어야 하나?

경기도 내에서도 서울과 접해 있는 지역들이 집값도 강세다. 2017년 11월 KB부동산시세 기준 경기도 아파트 평균 매매값을 보면, 가장 비싼 곳이 과천시로 3.3m²당 3,553만 원이다. 과천시 다음으로는 분당신도시가 포함되어 있는 성남시로 1,831만 원이다. 이어 하남시(1,590만 원), 광명시(1,514만 원), 안양시(1,361만 원) 등의 순으로 나타났다.

사람들이 집터를 신중하게 고르는 데는 분명한 이유가 있다. 직장혹은 아이의 교육과 교통의 편리성 등을 고려하기 때문이다. 택지지구와 신도시가 개발이 되면서 이들 지역에도 이제는 인프라들이 속속 갖춰지면서 삶이 불편하지 않지만 오랜 시간에 걸쳐 만들어진 서울 수준은 아직 따라오지 못한다. 서울은 여전히 광화문과 테헤란로 등을 중심으로 업무시설이 밀접되어 있고, 강남과 목동 등의 명문학군도 매력적이다. 이런 이유로 내 집 마련을 준비하는 사람들은 서울을 벗어나고 싶지 않아 한다. 부담스러운 집값에 떠밀려 경기도로 이사를 해야 한다면, 서울과 멀지 않은 곳으로 몰릴 수밖에 없다. 그래서 서울 접경지역을 주목해야 할 이유다.

서울 접경지역들은 앞으로 삶의 여건은 더 좋아진다. 지하철과 대규모 개발호재들이 서울 접경지역에 몰려 있다. 정부도 수요가 있는 곳에 기반시설을 더 구축해 삶의 질을 높일 수밖에 없을 것이다.

과천시는 중앙동·원문동·별양동·부림동·갈현동에 위치한 재건축 아파트들이 새 아파트로 탈바꿈을 시도하고 있고, 갈현동과 문원동 일대 135만㎡ 규모 부지에 지식기반산업단지와 공동주택을 조성하는 사업인 과천지식정보타운도 조성한다.

성남시는 분당신도시 개발에 이어 판교, 위례신도시가 개발되어 고급주거촌으로 이미 자리매김하고 있다. 안양과 성남을 잇는 제2경인연결고속도로가 개통되었고, 성남~장호간 자동차 전용도로는 2018년에 전면 개통되고, GTX분당-수서간 고속화도로 공원화 진행, 경강선 이매역 개통 등 호재도 있다.

광명시에서는 광명뉴타운으로 지정된 11개 구역 중 7곳은 재건축 사업시행인가 절차를 밟고 있으며, 나머지 4곳은 관리처분계획인가 및 이주·철거를 진행하고 있다. 2016년 수원~광명고속도로와 광명 소하동~서울 강남 수서동을 잇는 강남 남부 순환도로가 뚫린데다, 2023년에는 광명에서 여의도까지 이어지는 신안산선이 개통될 예정이다.

하남 미사지구가 개발중인 하남시도 앞으로 서울 접경지역으로 주목할 만하다. 서울지하철 5호선을 강동구 상일동에서 하남시 창우동까지 연장하는 하남선복선전철이 2020년까지 개통을 목표로 공사중에 있다.

서울이 계속
확대되고 있다

"살기는 정말 좋아요. 집값이 안 올라서 그렇지…" 경기 고양시 일산동구 호수공원인근 아파트에 사는 직장인 A씨가 한 말이다. A씨는 지난 2006년에 전세에서 매매로 전환했다. 당시 집값은 4억 원대였다. A씨가 산 전용면적 101.85㎡ 아파트는 2007년 초에 6억 원대까지 뛰기도 했지만 글로벌 금융위기에 부동산시장이 얼어붙으면서 아파트가격은 가파르게 하락했다. 경기가 회복된 2010년 말에도 집값은 4억 5천만~4억 7천만 원대를 맴돌았다.

2014년 말부터 부동산시장이 규제 완화로 '반짝 호황'을 보였지만 인근 삼송·원흥지구가 부각되면서 일산은 수요자들의 관심권 밖으로 밀려났다. A씨의 아파트가격은 약 10년 전이나 지금이나 큰 차이가 없다.

택지지구도 양극화가 심화

경기도와 인천 등 서울과 가까운 곳 중심으로 택지지구가 개발되면서 서울이 확대되고 있다. 그 지역 중심으로 지하철이 연장되고, 도로가 확충되면서 서울 같은 경기도는 더욱 늘어나고 있다. 택지지구가 개발되면서 개발 자체만으로도 기대감이 반영되어 가격이 오른다.

하지만 택지지구에 투자할 때는 현재의 가치만 보고 판단할 것이 아니라 미래가치를 아주 보수적으로 따져봐야 한다. 인구는 줄어들고 있는데 우후죽순 택지지구 개발로 공급과잉의 문제가 불거지고

있기 때문이다. 2014년 9월 1일 부동산 종합대책을 통해 택지지구개
발촉진법이 폐지됨으로써 인기 있는 택지지구의 가치는 더 높아졌
다. 앞으로 양극화가 심화될 택지지구 내에서도 어디를 결정해야 할
까?

택지개발사업은 1980년에 제정된 「택지개발촉진법」에 의해 시행
되는 공영개발 위주의 대규모택지개발사업이다. 도시의 주택난을
해소하기 위해 주택건설에 필요한 택지의 취득·개발·공급·관리 등
을 용이하게 할 수 있도록 하기 위한 것으로, 이 법을 근거로 분당이
나 일산 같은 1기 신도시는 물론 광교, 동탄 등 신도시가 탄생했다.

1기 신도시는 지난 1989년 성남시 분당, 고양시 일산, 부천시 중
동, 안양시 평촌, 군포시 산본 5개 지역에 4만~8만 가구 규모의 도
시를 조성한 도시 계획이다. 과밀된 서울의 인구를 분산시키기 위한
도시 계획사업으로 서울 중심에서 20~25km 떨어진 곳으로 선정되
었다. 2기 신도시는 2000년대 초반 수도권의 주택난 해결을 위해 개
발이 시작됐다. 판교, 동탄1·2, 김포한강, 파주운정, 광교, 위례, 고덕
국제, 양주, 인천검담 10개 지역이다.

택지지구 개발 중 대표적으로 얘기할 수 있는 1기 신도시와 2기 신
도시. 그 중에서도 수요자들의 만족도가 높은 곳은 어디일까? 우선
1기 신도시 하면 떠오르는 지역은 분당과 일산신도시다.

2017년 7월 부동산114가 조사 발표한 '수도권 지역별 부촌 지도'
에 따르면 도내 지역별 아파트 가구당 평균 매매값은 과천시가 평균
8억 4,029만 원으로 가장 높았다. 성남은 5억 7,130만 원으로 2위를
차지했다. 이 순위는 2001년부터 올해까지 1·2위 자리는 변함없이

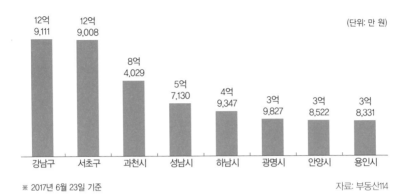

수도권 아파트 평균 매매값 순위

(단위: 만 원)

강남구	서초구	과천시	성남시	하남시	광명시	안양시	용인시
12억 9,111	12억 9,008	8억 4,029	5억 7,130	4억 9,347	3억 9,827	3억 8,522	3억 8,331

※ 2017년 6월 23일 기준

자료: 부동산114

유지되어 왔다. 앞서 과천시는 정부과천청사의 세종시 이전으로 한때 아파트가격이 크게 떨어지기도 했지만, 도내 지역에 비해 아파트가격이 높아 1위 자리를 수성했다.

반면에 2001년부터 경기도 부촌 3위 자리를 유지했던 용인은 2008년 글로벌 금융위기 이후 하락한 아파트가격의 회복이 더뎠고, 하남에 아파트가격이 높은 미사 보금자리지구와 위례신도시 등이 본격 입주하면서 2016년 3위 자리를 하남에 내줬다. 2017년 들어서는 안양에도 밀려서 경기도에서 '부촌 6위'로 내려앉았다. 하남시의 가구당 평균 매매값은 4억 9,347만 원이고, 용인시는 3억 8,331만 원으로 1억 원 이상 차이를 보였다.

성남 분당, 고양 일산, 부천 중동, 안양 평촌, 군포 산본 등 5개 지역을 가리키는 '수도권 1기 신도시'에서는 분당의 아파트 평균 매매값이 5억 7,560만 원으로 가장 높았다. 분당은 2001년 이후 1위 자리를 한 번도 놓치지 않았다.

그러나 '수도권 1기 신도시' 2위는 평촌과 일산이 각축전을 벌이고 있다. 일산은 2001~2010년 줄곧 2위였으나 2011년 평촌에 밀려 3위로 잠시 내려왔다가 2012년 2위 자리를 되찾았다. 하지만 얼마 가지 못해 다시 평촌에 2위를 내줬고, 현재 3위를 유지하고 있다. 고점을 기록했던 2006년 말에 평촌과 일산의 가구당 평균 매매값은 각각 4억 2,216만 원, 4억 5,883만 원 수준이었으며 현재 각각 3억 9,399만 원, 3억 8,433만 원 수준을 보이고 있다.

수도권 내에서도 상위권에 있는 지역들의 공통점을 보면 앞으로 어디에 투자해야 할지가 보인다. 순위가 변함이 없는 1·2위인 과천과 성남시에 이어 하남과 광명시, 안양시, 용인시는 모든 지역들이 강남과 가까운 곳에 위치한 곳들이다.

강남 접경지역 미사, 감일, 다산, 고등지구

하남 미사강변도시는 곧 여의도 2배 규모인 연면적 546만㎡에 3만 6천 세대, 인구 약 9만 6천 명이 거주하는 '준 신도시급'으로 개발된다. 하남 미사강변도시는 망월천과 근린공원이 남북을 가로지르는 '자연친화 도시'다. 자전거도로가 조성되고 미사리조정경기장, 미사리승마공원, 망월천근린공원 등도 이곳의 명물로 자리하고 있다. 여기에 편리한 교통시설까지 주거만족도를 높였다.

서울 상일동과 경기 하남시를 연결하는 지하철 5호선과 9호선 하남선 연장구간의 착공이 확정되면서 과거 대중교통시설이 부족했던 하남의 이미지도 개선된다. 올림픽대로와 경춘고속도로 미사IC가 인접해 있다. 조망권은 하남 미사강변도시의 장점 중 하나다. 사업

자료: 국토부

지구 북·동측 두 면을 한강이 감싸듯 흐르고 동측으로 미사리 조정경기장과 인접해 있다. 지구 남동쪽 인근에 수도권 최대 규모의 복합쇼핑타운인 하남유니온스퀘어 등이 있다.

하남 감일지구는 하남시 감일동과 감이동 일원에 조성된 공공택지지구다. 송파구와 맞닿아 있어 택지지구 개발이 완료되면 송파구와 생활권을 공유할 것으로 기대가 높은 지역이다. 여기에 대규모 택지지구답게 약 1만 3천여 가구 규모의 미니 신도시급 주거단지로 다양한 주거인프라를 갖출 전망이다.

다산신도시는 경기도시공사가 광교신도시 다음으로 단독 시행하는 신도시사업이다. 2018년 6월 완공을 목표로 남양주시 진건읍·도농동·지금동 일대 475만㎡에 건설중이다. 2009년 2차 보금자리주택지구로 지정되었던 진건지구와 국민임대주택지구였던 지금지구를 합쳐 3만 1,900가구, 수용인구 8만 6천여 명 규모로 조성된다. 남북으로 나뉘어지는 진건·지금 두 지구는 별개의 장점을 갖고 있다.

북쪽의 진건지구는 서울 지하철 8호선(별내선)이 지나며, 2022년 개통될 예정이어서 서울 잠실까지 20분대에 닿을 수 있다. 진건지

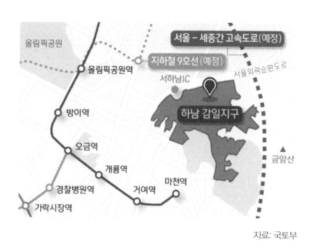

자료: 국토부

구와 왕숙천 하나를 사이에 두고 있는 구리시 사노동, 남양주시 퇴계원리 일원 29만㎡ 대지에 '경기북부 2차 테크노밸리'를 조성하는 것이 확정되기도 했다. 2022년 착공해 2026년 완공되며, 일자리 1만 2,820개가 만들어질 전망이다.

지금지구는 지난 2017년 2월 문을 연 행정타운이 있다는 것이 장점이다. 또 한강변에 있어 한강 조망이 가능하고 강 건너 하남, 미사 및 서울 강동구의 접근성이 좋다. 아파트 입주는 2019년부터 본격 진행될 전망이다.

성남 고등지구는 성남시 수정구 고등동과 시흥동 일대 56만 9,201㎡에 조성되는 공공택지로 2010년 3차 보금자리주택지구로 지정되었다. 고등지구는 남쪽 2km 거리에 동판교가 있고, 강남 세곡지구와 내곡지구도 북쪽으로 5km 밖에 떨어져 있지 않다. 그래서 '포스트 위례, 미니 위례'라고 불릴 만큼 발전 가능성이 높은 지역이다.

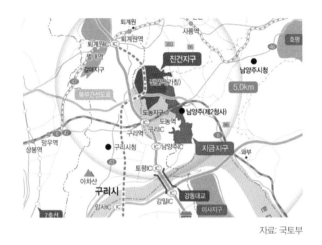

자료: 국토부

　용인~서울 고속도로, 분당~내곡 간 고속화도로, 서울외곽순환고
속도로 등을 통해 서울 강남권과 판교의 이동이 쉽고 인릉산 청계산
등 녹지도 풍부하다. 고등지구는 첨단산업단지로 상주인구가 4만여
명에 달하는 판교창조경제밸리(판교제2테크노밸리)와도 2km 밖에 떨
어져 있지 않아 주택수요는 더 늘어날 것으로 기대된다.

인프라가 확충되는
곳의 아파트

인프라가 확충되면
집값도 오른다

신세계그룹은 쇼핑 테마파크 '스타필드'를 경기 하남점과 강남구 삼성동 코엑스점 등 2개 지점 개장에 이어 경기 고양까지 확대하고 있다. '스타필드'는 기존 쇼핑몰과 달리 쇼핑시설 외에 레저와 엔터테인먼트 시설, 맛집 등을 한 곳에서 모두 즐길 수 있어서 호응이 높다.

2016년 9월 처음 선보인 '스타필드 하남'은 1년간 2천 5백만 명이 방문, 체류형 복합쇼핑몰로 자리매김했다. '스타필드 하남' 방문 고객 중 하남시 외 지역 고객이 85%에 달성할 정도로 외부 지역 고객 유입이 많았다. 스타필드 고양 역시 오픈 6개월 만에 방문 고객수가

1천만 명을 넘어서며 순항을 이어가고 있다.

스타필드 하남 인근에 IS동서가 짓고 있는 하남 유니온시티 에일린의 뜰은 3.3m²당 평균 분양가가 1,270만 원대로 책정되었다. 8층 전용면적 74m² 기준 분양가는 3억 9,100만 원이었지만, 현재 8천만~1억 2,500만 원 선까지 웃돈이 붙었다.

고양시도 상황은 비슷하다. 경기도 고양시 덕양구 스타필드 고양 인근에 위치한 삼송 호반베르디움22단지 전용 면적 84.95m² 시세는 5억 2천만~5억 6천만 원 선으로 1년 사이 2천만 원이 올랐다. 삼송 2차 아이파크 전용면적 84.74m² 역시 6억 4,500만 원 선으로 분양가(3억 9,900만 원)보다 2억 4,500만 원가량 올랐다.

요즘 복합쇼핑몰은 과거의 단순한 쇼핑 공간이 아닌 고객 요구에 맞춰 쇼핑은 물론 각종 문화·여가생활을 함께 즐길 수 있도록 복합적으로 공간을 구성한다. 여기에 쇼핑몰 개장으로 유동인구가 증가함에 따라 대중교통 노선이 늘고 각종 인프라가 개선되어 인구 유입이 증가하는 등 지역에 긍정적인 개발이 더불어 진행되기 때문에 주택시장에 긍정적인 영향을 미치는 것이다.

서울에서 전통적으로 학군이 좋은 지역은 강남과 목동, 그리고 상계동을 꼽는다. 그런데 최근에는 마포구가 이어받아 가고 있다. 마포구는 그동안 도심으로나 강남으로 출·퇴근하기 좋은 서울의 중심부에 위치해 대기수요가 탄탄한 대표적인 곳으로 꼽힌다. 그리고 공덕동을 중심으로 재개발과 뉴타운 등이 활발하게 움직여 일찌감치 그 효과로 다른 강북과 달리 브랜드 새 아파트가 많이 밀집되어 있기도 하다. 그래서 대기업 회사원들이나 전문직 종사자 등 소득 수준이 높은 사람들이 많이 거주한다.

하지만 마포구는 강남과 목동과 달리 학군이 취약하다는 치명적인 약점이 있다. 대치동이나 목동 학원가처럼 학원도 밀집되어 있지 않다. 그래서 자녀가 어릴 때까지는 마포구에 살다가 학군 때문에 대치동과 목동으로 이사가는 사람들이 많았다. 하지만 최근 대흥역과 공덕역을 중심으로 신규 학원들이 속속 들어서기 시작하면서 교육에 대한 변화가 일고 있다. 공덕역과 대흥역을 중심으로 '이투스 24/7 학원'을 비롯해 수학과 영어 등 단과 학원들도 다수 개원했다.

학군의 변화 조짐이 일면서 마포구 집값 상승세도 눈에 띈다. 일반적으로 마포구는 출·퇴근 수요 등이 꾸준해 불황기에도 집값이 큰 폭으로 떨어지지는 않지만, 대규모 개발호재가 많은 곳도 아니어서 집값이 크게 오르지 않은 지역이기도 하다. 하지만 학군, 한강 조망 등의 메리트가 부각되면서 집값이 크게 올랐다. 2018년 2월 마래푸4단지 전용 84㎡(23층)은 13억 3천만 원에 거래되었다. 3.3㎡당 가격이 처음으로 4천만 원을 돌파했다. 단지 내 같은 평형이 2017년 9월 10억 원에 팔렸는데 5개월 만에 30% 이상 가격이 뛰었다.

교통여건이 좋아지고, 기업이 들어온 강서구 마곡지구도 인프라 확충 효과로 집값이 크게 오른 지역이다. 강서구는 소형아파트 위주로 밀집되어 있고, 임대아파트가 많아 집값이 참 안 오르는 지역이었다. 하지만 서남권의 대규모 개발지인 마곡지구가 모습을 갖춰가면서 마곡지구 주변 지역 집값도 영향을 받고 있다. 물론 지하철 9호선 효과도 크다. 마곡동에 위치한 마곡힐스테이트 전용 84㎡는 2018년 2월 최고 11억 원에 거래되었다. 9호선 마곡나루역 역세권

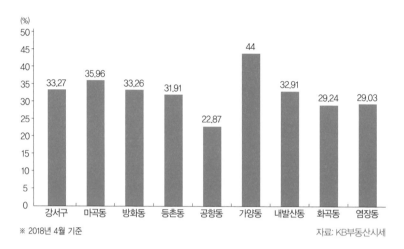

3년간 강서구 아파트 매매값 상승률

(%)

33.27	35.96	33.26	31.91	22.87	44	32.91	29.24	29.03
강서구	마곡동	방화동	등촌동	공항동	가양동	내발산동	화곡동	염창동

※ 2018년 4월 기준

자료: KB부동산시세

인 마곡엠밸리7단지 전용 84㎡는 3월 9억 9,500만 원에 실거래되었다. 분양가가 4억 원 초반이었던 것에 비하면 무려 2배 이상 오른 셈이다. 마곡13단지 힐스테이트마스터 전용 84㎡는 최고 11억 원을 호가하지만 매물 자체가 귀하다.

애물단지에서 로또로
신분 상승한 강북뉴타운

"거기 '로또'나 마찬가지다. 기본 1억 원은 오를 거야. 인기 있는 주택형 청약경쟁률은 세 자리수 나올걸?"

"집값이 어제와 오늘이 달라지고 있어. 이제 강북의 중형 아파트 시세도 8억 원 시대라고. 같은 주택형인데 강남은 15억 원가량 하니 그에 비하면 강북은 반값이지. 주변 환경은 좋아지고 있는데 반값이니 당첨만 되면 로또인 거지."

뉴타운이 주목받는 이유

뉴타운 사업은 이명박 전 대통령이 2002년 서울시장에 출마하면서 내건 공약에서 시작되었다. 당시 강남·강북 균형 발전을 강조하며 주거환경이 열악한 지역에 주택 공급은 물론 도시기반시설을 정비하겠다는 목적으로 추진되었다. 그러다 보니 일반 재개발 지역보다 단지 규모가 크고 도로와 상하수도, 공원 등 인프라가 잘 구축되어 있다. 서울의 경우 2007년 3차 지구까지 총 35개 지구가 지정되었는데, 1지구당 5~10개 구역이 포함되어 있었다.

그러나 과도한 추가부담금 등의 이유로 원주민 재정착률이 낮은 데다, 무분별한 지정으로 집값이 급등하면서 뉴타운이 투기를 조장한다는 비판을 받았다. 그러다 2008년 글로벌 금융위기로 부동산 경기 침체까지 맞물리면서 사실상 동력을 잃었다. 이후 취임한 박원순 서울시장은 2012년 뉴타운 출구전략(뉴타운 지구 해제)을 꺼내 들었다. 대신 소규모 도시재생사업을 벌여 왔다.

시장 분위기가 달라진 것은 최근 2~3년 사이의 일이다. 저금리 기조 등으로 부동산시장이 활황을 맞은 영향이 컸다. 그리고 수도권 중심으로 집값이 회복되고, 개발 기대감도 커지면서 서울 재정비 사업들이 탄력을 받기 시작했다. 과거 강북은 비탈진 좁은 골목에 다 무너져가는 집들이 다닥다닥 붙어 있고, 학교나 편의시설조차 이용하기 힘든 동네였다. 그런 동네가 뉴타운 사업을 통해 브랜드 대단지 아파트들이 들어서고 큰 도로들이 새로 뚫리고 편의시설과 좋은 학교들도 들어섰기 때문에 삶의 만족도와 함께 시세가 올랐다.

도심의 새 아파트 선호 현상도 뉴타운 분양 열기를 뜨겁게 하고 있다. 새 아파트는 낡은 아파트에 비해 설계구조가 좋고 단지 내 녹지와 편의시설이 잘 갖춰져 있다는 것이 대체적 평가다. 특히 서울은 주택 노후화가 심각하지만 주택을 공급할 수 있는 택지가 부족해 새 아파트로 갈아타려는 수요가 좀처럼 해소되지 않고 있다. 같은 지역이라도 아파트의 노후 정도에 따라 집값이 수억 원까지 차이가 나는 것은 이런 이유에서다.

또 문재인 정부의 부동산 정책이 전면 철거식 개발 방식이 아니라 노후된 주거환경을 개선하는 도심재생에 초점이 맞춰지면서 강북 뉴타운에 대한 관심은 더 높아지고 있다.

너무 쉬워진 강북의 '억 프리미엄'

최근 10년간 서울에서 강북권 낙후 재개발 지역이 강남권보다 집값 상승률이 더욱 높았다. '집으로 돈 벌려면 무조건 강남으로 가야 한다'는 일반적 인식이 사실이 아닌 것으로 드러난 것이다. 낙후된 지역이 재개발되면 주거 가치뿐만 아니라 자산 가치가 함께 급상승한다는 사실도 확인되었다.

서울 집값 상승률이 높은 지역은 대부분 강북에 몰려 있었다. 3.3m²당 455만 원에서 1,784만 원으로 수직 상승한 용산구 청파동1가(292%)를 비롯해, 마포구 아현동(171%), 서대문구 북아현동(144%), 성북구 보문동6가(126%), 중구 흥인동(106%), 중구 만리동1가(105%), 마포구 서교동(97%) 등이 상위권을 차지했다. 서울 25개 자치구 242개 동의 2007년 10월 아파트 3.3㎡당 매매값 평균과 2017년 10월 시세를 비교해 분석한 결과다.

신길뉴타운7구역의 래미안 에스티움 84㎡형 분양권은 로열층을 기준으로 2017년 5월에 7억 7,500만 원까지 가격이 상승했다. 5억 3천~5억 6천만 원인 분양가에 비해 2억 원 이상 뛴 셈이다. 4억~4억 4천만 원에 분양한 59㎡형도 1억 원 이상 웃돈이 붙었다. 5억 3천만 원에 분양한 DMC파크뷰자이1단지 84㎡형 시세는 7억 4천만 원까지 뛰었다. 1년 사이 1억 원 이상 가격이 뛴 것이다. 강남에서만 가능할 것 같았던 '억 프리미엄'이 강북에서도 가능하게 된 것이다.

이 같은 결과는 부동산가격의 발전 가능성, 즉 개발의 영향을 많이 받는다. 이런 점을 감안하면 강남은 도시개발 단계상 '성숙' 구간에 있어 집값 상승률은 오히려 높지 않다. 반면에 강북은 재개발과 뉴타운은 물론 역세권 개발 등 대규모로 개발될 부지들도 많아 발전 가능성이 높다.

뉴타운,
신도시 첫 프리미엄을 누려라

길음뉴타운은 2002년 10월 은평뉴타운, 왕십리뉴타운과 함께 지정된 시범뉴타운이다. 길음뉴타운에서 가장 비싼 아파트는 2004년 4월 첫 분양 스타트를 끊은 길음뉴타운6단지다. 이 단지의 평균 매매가는 3.3m²당 1,966만 원이다. 길음동 평균 매매가인 1,647만 원보다 무려 319만 원이 비싸다.

신도시 시범단지와 같은 역할인 첫 분양단지

대규모 사업지의 분양을 첫 스타트 끊는 단지는 건설업체는 물론 소비자들에게도 큰 관심 사업지다. 건설사들은 과거 분양 사례가 없는 만큼 성공을 장담할 수 없고, 소비자들 역시 분양가 등 기준을 잡을 만한 곳이 없다. 따라서 첫 분양단지들은 기대감과 함께 고민이 되기 마련이다.

입주 이후 불편함을 감수할 수 있고, 대신 높은 시세차익을 기대한다면 대규모 사업지 내 첫 분양단지를 적극적으로 노려볼 필요가 있다.

대규모 사업지 내 첫 분양단지들은 1군 브랜드이거나 입지가 뛰어난 단지들이 많다. 분양 기준점이 없는 만큼 브랜드나 입지 등에서 용기 있는 단지가 먼저 나서는 경우가 많기 때문이다. 또 재건축·재개발 등 재정비사업은 투자성이 높은 사업지에 투자자들이 몰리게 되고, 투자수요가 많은 만큼 사업 속도가 빠르다.

예를 들면 첫 분양단지는 신도시의 시범단지로 평가할 수 있다. 신도시에서도 가격 선도역할을 하는 단지들을 보면 대부분이 시범단지다. 신도시 내에서도 가장 위치가 좋고 살기 좋은 곳을 시범으로 먼저 분양이 이뤄지기 때문이다.

신도시는 정부계획 아래 순차적으로 개발된다. 따라서 초기 분양

아파트의 성공이 무엇보다 중요하다. 전체 신도시의 성패를 좌우하는 시범단지는 따라서 입지적으로 가장 좋은 곳에 분양가는 저렴하게 분양된다.

실제로 같은 신도시 내에서도 시범단지의 아파트가격이 더 비싸다. 동탄1신도시 시범다은마을 월드메르디앙반도유보라의 경우 2004년 분양 당시 분양가가 3.3m²당 728만 원선이었으나 KB부동산 시세 2018년 6월 기준 1,369만원에 형성되어 있다. 반송동에서 가장 비싼 아파트다. 이어 시범한빛마을 동탄아이파크가 3.3m²당 1,342만 원으로 형성되어 있다.

1기 신도시인 분당도 마찬가지다. 분당신도시 서현동 시범단지인 삼성(한신)아파트는 3.3m²당 2,192만 원으로 서현동에서 가장 비싸고, 반면에 같은 동네에서 가장 싼 단지인 효자촌(미래타운)은 3.3m²당 1,438만 원으로 가장 싸다.

이렇게 시범단지의 인기가 검증되면서 새로 분양하는 신도시 내에서도 시범단지의 인기가 단연 돋보였다. 지난 2012년 8월에 분양한 1차 동시분양단지들이 평균 4.8 대 1의 경쟁률을 보인 가운데, 시범단지와 비시범단지 간의 청약 경쟁률 양극화가 나타났다. KCC, GS건설, 모아종합건설, 우남건설, 호반건설 등 5개 건설업체가 동시분양 참여했다. 이런 가운데 시범단지에 해당하는 우남건설과 호반건설의 청약 경쟁률이 높게 나타났다.

우남퍼스트빌은 1,098가구 모집에 1만 774명이 몰려 1순위에서 마감되었다. 평균 9.26 대 1의 높은 경쟁률을 기록했다. 호반건설도 2순위 마감되었으며, 총 948가구 모집(특별공급 제외)에 2,080명이 몰려 평균 2.19 대 1의 경쟁률을 기록했다. 반면 KCC건설과 모아종합건설은 2순위마저 미달되는 등 양극화 모습을 보였다.

대규모 사업지 내 첫 분양단지들은?

사업 첫 분양단지들은 입지와 브랜드 가치가 높은 만큼 입주 이후 시세도 선도역할을 한다. 2004년 4월 첫 분양 스타트를 끊은 길음뉴타운6단지의 전용 59m²는 분양 당시 2억 3,393만 원에 분양되었다. 2017년 10월 23일 현재 매매가 시세는 KB부동산시세 일반평균가 기준 5억 250만 원으로 2억 6,857만 원의 웃돈이 형성되었다.

반면 같은 길음뉴타운 내에서 2007년 8월 분양한 길음뉴타운9단지 전용 59m² 분양가는 3억 4,370만 원, 현재 매매가 시세는 4억 9천만 원으로 1억 463만 원의 웃돈만이 형성되었다. 길음뉴타운6단지 투자기간이 9단지보다 3년가량 더 길지만, 3년 동안 시세차익이 1억 6천만 원 이상이라면 투자수익은 높은 것이다.

개발 초기 분양단지들은 분양가도 저렴한 편이다. 첫 분양단지의 분양가가 이후 분양단지의 가격 기준이 되는 가운데, 지역 인지도 상승에 따라 후속 단지의 분양가는 더욱 높아지기 때문이다. 특히 향후 기반시설 및 편의시설이 확충되면 주거여건이 크게 개선됨에 따라 지역 내 전반적인 가격도 상승하는 만큼 초기 분양단지는 저렴했던 분양가만큼 높은 시세차익도 얻을 수 있다.

실제로 하남 미사강변도시에 첫 민간건설 분양에 나선 하남강변푸르지오는 분양가가 평균 3.3m²당 1,266만 원이었다. 하지만 2016년 마지막 분양물량인 하남 미사강변도시 제일풍경채의 평균 분양가는

3.3m²당 1,434만 원으로, 3년 사이 13.3%나 오른 것이다.

　2011년 전농·답십리뉴타운 래미안 전농 크레시티는 3.3m²당 평균 1,495만 원에 분양되었다. 하지만 2016년 6월 같은 곳에 분양한 답십리 파크자이의 평균 분양가는 3.3m²당 1,784만 원에 달했다. 이는 래미안 전농 크레시티 보다 19.3%나 높은 가격이다.

터무니없는
급매물을 찾아라

수원에 사는 직장인 이상준 씨(38세)는 5살 딸이 있어 전셋집에서 벗어나 내 집을 갖고 싶었다. 지금 살고 있는 아파트 전용 59m² 시세가 3억 원이다. 현재 전셋집도 대출이 1억 원이 넘게 있는데 추가 대출 금액이 부담스러웠다.

　하지만 이 씨는 혹시 급매물이 나오지 않을까 해서 매일같이 퇴근하면 중개업소를 들러 눈도장을 찍었다. 그렇게 석달이 지난 어느 날 중개업소로부터 연락이 왔다. 이 씨가 찾던 매물이 2억 5천만 원에 나온 게 있다는 얘기다. 시세보다 5천만 원이나 싸게 나온 게 믿기지 않았지만 매물을 보기 위해 직접 방문했다. 집을 찾아 들어가서 깜짝 놀랐는데, 그 이유는 키우는 강아지 2마리가 바닥과 방문의 벽지를 갉고 뜯어서 집이 엉망이었기 때문이다. 처음에 주인이 시세 수준으로 내놓았다가 시간이 지나도 팔리지 않자 매물값을 낮춰서 2억 5천만 원까지 내려간 것이다. 이 씨는 사서 깨끗이 인테리어하면 되겠다는 마음으로 매입해 1,700만 원을 들여 감쪽같이 인테리어 하는 데 성공했다.

시세차익을 높이는 방법 중 하나가 급매물을 잘 잡는 것이다. 하지만 급매물이 시세보다 저렴하다 해서 향후 모두 시세차익을 기대할 수 있는 것은 아니다. 앞으로 시장은 양극화가 뚜렷하게 나타날 것이기 때문에 시세상승 여력이 충분한 주택을 고르는 것이 중요하다.

실거래가를 확인하라

급매물을 잡기 위해서는 원하는 지역의 아파트 실거래가를 반드시 확인해야 한다. 사실상 이 가격이 정말 급매물 가격인지 알기 어렵다. 따라서 대부분 사람들은 중개업자의 말만 믿고 '급매물'이라 판단하는 경우가 많다. 하지만 이는 큰 실수다. 손품을 조금만 더 판다면 많게는 몇천만 원을 더 싸게 살 수가 있다. 국토교통부 홈페이지에 들어가면 쉽게 실거래가격을 확인할 수 있다.

'급매물'이라고 한다면 시세보다 10~15% 이상은 싸야만 명함을 내밀 수 있다. 과거 실거래된 가격을 확인하고 이보다 저렴한지, 또 얼마나 저렴한지 반드시 확인해야 한다. 여기서 더 중요한 것은 무조건 시세보다 저렴하다고 해서 좋은 것은 아니다. 앞으로 시세 상승 기대치가 있는 부동산을 찾는 것이 더 중요하다. 주변에 재개발 및 뉴타운, 교통 호재 등이 있는 곳은 앞으로 개발호재로 인한 시세 상승이 기대된다.

미래가치가 있는 여러 지역에 그물을 쳐라

미래가치가 있는 곳에는 급매물을 노리는 사람이 많다는 것을 염두에 둬야 한다. 또한 미래가치가 있는 곳에서는 급매물이 잘 나오지도 않는다. 따라서 급매물을 잘 찾아내고 또한 발 빠르게 선점하느냐가 관건이다. 때문에 원하는 지역이나 단지 대상을 한두 곳으로 한정하기 보다는 여러 곳으로 넓히는 것이 좋다. 낚시를 하는 것이 아니라 그물을 쳐놓는 방식을 택하는 것이 좋다는 것이다.

그런 지역에 믿을 만한 중개업자와 친분을 쌓아 놓는 것도 중요하다. 그래야만 우량 급매물 등 좋은 정보가 나오면 먼저 연락을 받을 수 있다. 보통 중개업자들은 뜨내기 손님보다는 단골 손님에게 정보를 주기 마련이다.

급매물의 원인을 파악하라

'적을 알면 백전백승'이라는 옛말이 있듯 매도자가 집을 파는 이유를 정확히 아는 것도 도움이 된다. 1가구 다주택자인지 아니면 융자금 부담, 직장 이동 등 어떤 이유로 집을 팔려고 하는지 알아보자. 다주택 보유자이거나 매도자가 이미 이사할 집을 새로 계약했을 경우에는 매수자가 유리하다. 그런 이유라면 매도자는 상당히 급한 상황이기 때문에 매도자가 제시한 금액보다 더 싸게 제시해도 계약이 성사 가능하다는 것이다.

그리고 매물이 중개업소에 언제 나온 것인지 확인하는 것도 도움이 된다. 매물이 나온 지 오래된 매물일수록 매도자는 심리적으로 촉박해지기 때문에 더 깎는 데 도움이 된다.

주택 내·외부의 약점을 파악하는 것도 요령이다. 아파트 입지여건이나 외관부터 주방·욕실·거실 등 집안 내부를 꼼꼼히 살펴보고 단점을 알고 있으면 가격협상에서 유리할 수 있다.

직거래도 충분히 이용하라

요즘 인터넷이 보편화된 만큼 인터넷으로 많은 것을 해결한다. 부동산 거래 역시 그러하다. 인터넷포털사이트에 보면 카페 등을 통해 부동산 직거래를 많이 이용한다. 부동산 직거래를 잘 이용하면 몇십만 명의 회원들이 이용하는 만큼 시세보다 훨씬 저렴한 매물도 많을 뿐만 아니라 중개수수료도 저렴하다는 장점이 있다. 또한 직거래는 부동산을 여기저기 돌아다니지 않아도 되기 때문에 많은 시간이 절약된다는 것 역시 큰 장점이다.

하지만 직거래는 개인과 개인 간의 거래이기 때문에 사기 등 문제점도 많다. 부동산 중개업소를 통해 거래를 할 경우에는 계약 후 사고가 났을 때 중개인에게 일정부분 책임을 지울 수 있다. 하지만 직거래는 고스란히 매수자가 책임을 떠안아야 하기 때문에 신중히 계약을 해야 한다. 그리고 꼭 실소유주와 계약해야 한다. 등기부등본상 이름과 계약자 이름이 동일한지를 확인해야 한다. 등기부등본에 근저당이 설정되었으면 반드시 해당 은행에 가서 이와 관련된 사항을 직접 확인해야 한다. 또 권리관계는 수시로 변경되므로 계약 직전 중도금을 치를 때, 잔금 납부 직전에 각각 등기부를 재차 확인할 필요가 있다.

중개업소에게 확신을 줘라

매물 거래도 중개업소에서 연락이 와야 할 수 있다. 중개업소는 계약을 할 것 같은 사람에게 먼저 연락을 주는 법이다. 괜히 여기저기 알아보기만 하는 사람인지, 정말 계약을 할 사람인지 중개업소는 미리 파악을 한다. 때문에 정말 계약하고 싶은 매물이 있다면, 중개업소에게 믿음을 주는 것도 중요하다.

우선 급매물 시세를 파악한 후 본인의 적정 가격을 중개업소에게 말하라. 그리고 그 가격과 근접한 매물이 나오면 바로 계약을 하겠다는 의지를 보여주는 것이 큰 도움이 된다. 이때 너무 터무니없는 가격을 제시하면 오히려 역효과를 볼 수 있으니 적정한 가격을 부르는 것도 중요하다.

매매 결정에 있어서는 신속하고 과감하게

호황기에는 매도자가 우위에 있고, 불황기에는 매수자가 우위에 있을 수밖에 없다. 잘 나가는 부동산 전문가들도 바닥이 언제인지 꼭지가 언제인지는 미리 알 수 없다. 바닥을 본 뒤에야 바닥인지 알 수 있고, 꼭지가 와야 꼭지인지도 알 수 있다. 그렇기 때문에 바닥을 고집한다는 것은 무모한 일이다. 주식과 마찬가지로 부동산도 바닥에 사서 꼭지에 파는 것은 현실적으로 불가능하다.

하지만 부동산 고수들은 바닥과 꼭지가 언제인지는 몰라도 신속하고 과감한 매매 결정을 할 때가 언제인지는 안다. 매매 결정에 있어 흔들림은 없어야 한다. '조금만 더, 나중에' 하다가 절호의 찬스인 매매 타이밍을 놓치기 일쑤다.

투자할 상품에 대해 입지 여건, 상품 가치, 미래 가치, 수익률 등을 면밀히 검토했다면, 다음으로는 투자 여부를 확실하게 판단해야 한다. 투자 여유자금이 없다면 대출을 받더라도 투자를 할 것인지 안 할 것인지 등의 판단을 세워야 한다. 이때 확실한 판단이 설 경우 과 감하게 투자할 수 있어야 한다.

만약 확실한 상품인데 현재 부동산시장 분위기에 가격이 떨어지고 있다면 더없이 좋은 기회다. 싼 값에 사서 향후 높은 가격으로 팔 수 있기 때문이다.

시세 반영하지 못한
싼 감정가 물건을 노려라

서울 강남구 도곡동의 도곡렉슬 전용면적 134.9㎡ 규모의 아파트를 18억 7,500만 원에 낙찰받았다. 감정가 대비 낙찰가의 비율을 뜻하는 낙찰가율은 87.2%였다. 감정가인 21억 5천만 원보다 무려 2억 7,500만 원 싸게 낙찰받은 것이다.

하지만 시세와 비교하면 얘기가 달라진다. KB부동산시세는 17억 6천만~20억 8,500만 원 수준이다. P씨는 최저가보다도 1억 1,500만 원 비싸게 산 셈이다.

감정가 기준을 잘 살펴라

'감정평가'는 말 그대로 그 물건의 가치를 평가하는 절차이다. 통상 경매 감정가는 실거래가의 80% 수준에서 결정된다. 감정가의 90%대에만 낙찰받아도 실거래가의 70% 수준까지 낮아지는데 한 차례 유찰되는 경우가 많다. 한 번 유찰될 때마다 최저 입찰가가 20%씩 떨어지기 때문이다. 감정가가 언제 책정이 되었느냐가 중요하다. 통상 경매 감정가격은 6개월 전 시세로 매겨진다. 경매 접수부터 실제 경매까지 6개월가량 걸리기 때문이다.

그래서 감정가는 부동산 경기 상승기에는 현 시세보다 저렴하게 감정가가 책정되어 이득이다. 하지만 부동산가격이 지속적으로 떨어지는 시기에는 현재 시세보다 높게 책정되기 때문에 유찰된다 하더라도 시세차익이 높지 않을 수 있다. 특히 시세가 급변하는 시기에는 4~5개월이면 몇천만 원에서 몇억 원까지 차이가 날 가능성도 있기 때문에 감정가를 현 시세와 비교하는 것은 너무도 중요하다.

감정가가 시기에 따라 달라지기도 하지만, 경매에 포함되는 내용물 등에 따라서 달라질 수도 있으니 이 부분도 꼼꼼히 봐야 한다. 받으려는 경매물건 중에 내가 필요한 물건이 빠져 있는 경우가 있다. 주택 경매물건인데 대지 소유자와 건물 소유자가 따로 있어서 단순 건물 가치가 포함된 경우가 있는 것이다. 이럴 경우에는 감정가가 아주 낮게 책정될 수밖에 없다. 그런데 단순히 감정가가 낮은 것에 혹해서 낙찰 받았다가 낭패를 볼 수 있는 것이다.

위 사례의 경우 낙찰가율인 87% 수준은 높은 수준이 아니지만, 감정가가 높게 책정되어 사실상은 시세보다 높게 받은 실패작이다. 경매 투자에서 성공하기 위해서는 위 사례와 반대로 감정가가 시세보다 낮게 책정된 물건을 찾으면 된다. 사례로 알아보자.

2017년 2월 7일 서울중앙법원에는 경매에 참여하기 위한 사람들로 북새통이었다. 경매진행 건수는 적었지만 소위 대박 물건이 등장했기 때문이다. 서울 서초구 반포동 한신서래아파트 전용면적 65m²가 경매로 나왔다. 한 차례 유찰도 없던 신건 경매물건이었지만 응찰자는 무려 50명이었다. 신건에 이렇게 많은 사람이 입찰하는 것은 이례적인 일이다. 바로 감정가가 지나치게 낮게 책정되었기 때문이다.

이 물건은 2013년 책정했던 감정가격(5억 7천만 원)이 그대로 반영되었다. 원래 2014년 경매 집행이 진행되어야 했지만 이해 당사자 간 분쟁으로 집행 날짜가 약 3년 늦어졌다. 만약 채무자가 감정가격에 이의신청을 하면 재감정을 할 수도 있다. 하지만 별다른 이의 제기가 없으면 몇 년 전 감정가격을 그대로 반영한다. 이 물건은 감정가에 대한 이의신청을 누구도 하지 않았고, 현재 시세보다 2억~3억 원 저렴한 가격에 감정가가 매겨졌다. 50명이나 이 물건에 응찰한 배경이다. 결국 감정가격의 133.7%인 7억 6,200만 원에 낙찰되었다.

또 다른 사례도 알아보자. 서울 남가좌동 현대아파트 전용면적 114m²는 감정가격이 4억 3,700만 원에 책정되었다. 이 아파트가 현재 거래되고 있는 가격은 5억 5천만 원 전후다. 이 물건은 한 차례 유찰된 뒤 감정가의 80%인 3억 4,960만 원이 최저 가격으로 책정되었지만 감정가의 100% 이상을 써낸 사람도 상당수였고, 결국 이 물건은 감정가의 119.6%인 5억 2,200만 원에 낙찰되었다. 이 물건은 원래 첫 입찰이 2014년 10월이었다. 당시엔 유찰된 뒤 2년간 집행이 연기되다가 2016년 12월이 되어서야 2차 입찰이 진행되었고, 집행이 연기되는 동안 서울 시내 아파트가격은 꾸준히 올랐던 것이다.

타워팰리스와 반포자이도
미분양 아파트였다

미분양 아파트는 잘 고르면 대박이고, 잘못 고르면 쪽박 차는 대표적인 상품이다. 통상 건설사를 비롯한 공급 주체는 빠른 미분양 소화를 위해 갖가지 유인책을 꺼내든다. 대표적인 게 분양가 인하다. 심지어 분양가 인하에 계약금 인하, 중도금 무이자, 옵션 품목 무료 제공 등의 조건을 함께 내거는 사업장도 있다. 수요자 입장에서는 가장 솔깃한 유혹이기도 하다.

하지만 미분양 아파트에 투자할 때에는 나무만 보지 말고 숲을 봐야 한다. 단순 혜택만 볼 것이 아니라 미래가치를 잘 따져봐야 쪽박이 아닌 대박을 기대할 것이다.

대표적인 백조 미분양 아파트

1999년 삼성물산 건설부문이 서울 강남구 도곡동에서 타워팰리스 1차를 선보이면서 고급 주상복합의 전성시대가 열리기 시작한다. 당시 타워팰리스는 최고 66층에서 내려다보이는 탁월한 조망권과 수영장, 연회장, 골프연습장 등을 갖춘 호텔식 커뮤니티시설, 그리고 단지 내에서 쇼핑과 의료·금융 서비스를 모두 받을 수 있는 '원스톱 라이프스타일'을 내세우며 고급 주거 문화의 첫 시도였다. 타워팰리스의 분양가가 당시로선 파격적으로 높은 3.3㎡당 990만~1,400만 원 선이었다. 이는 당시 서울시 아파트 평균 분양가보다 3배가량 높아 수요자들로부터 외면 받을 수밖에 없었다. 결과는 미분양이었다.

강남구 삼성동 아이파크는 유일무이한 명품 아파트가 콘셉트였다. 한국의 비벌리힐스를 표방한 만큼 도심 속의 오아시스를 창조한다는 목표 하에 고급스러움과 자연친화적인 것을 동시에 추구했다. 언덕 위에 위치한 데다 건물 높이만 최고 155m에 달해 서울에서 한강이 가장 아름답게 보이는 아파트다. 대지면적에서 건물이 차지하는 비율인 건폐율이 9%로 전체 사업부지 1만 평 중 88%에 해당하는 2만 8,387.92m²(8,800여 평)을 녹지로 조성했다. 이는 잠실 축구장 4배 크기로 아파트단지 내 공원이 이 같은 규모인 것은 전대미문의 일이었다.

하지만 2000년 첫 분양 당시 미분양이 되었고, 계약이 저조해서 그다음 해인 2001년 설계를 변경하고 분양가를 재조정해 분양에 나섰다. 당시 분양가는 3.3m²당 평균 1,700만 원이었으며 펜트하우스의 경우 최고 27억 6,500만 원에 분양했다. 고분양가 논란에도 높은 경쟁률로 마감했다.

강남 주택시장에서 새롭게 떠오르고 있는 반포동에서도 래미안 퍼스티지가 2008년 분양 당시 미분양으로 남아있었다. 서초구 반포지구는 지하철 3·7·9호선 환승역인 고속터미널역을 비롯 올림픽대로, 경부고속도로 등을 이용해 서울 전역 및 수도권으로 빠른 이동이 가능하다는 것이 최대 장점이다. 여기에 세화고·반포고·서울고·서초고·상문고·구정고·현대고 등 명문학군이 가까워 학생 자녀를 둔 수요자들로부터 인기가 높다. 하지만 이 단지는 당시 3.3m²당 분양가 3천만 원(3.3m²당 2,635만~3,295만 원) 시대를 열면서 수요자들이 구입을 망설인 것이다.

미운오리 새끼가 백조가 될 미분양 아파트

타워팰리스, 삼성동 아이파크, 반포 래미안 퍼스티지를 모르는 사람 보다는 아는 사람들이 더 많을 것이다. 우리나라 대표 고급 아파트와 고가 아파트로 자리매김하고 있기 때문이다. 이들 아파트들은 분양 당시 대규모 미분양사태를 겪었다. 하지만 시간이 지나면서 상황은 완전히 달라졌다. 집값이 지속적으로 올라 대한민국 최고가 아파트단지로 이름을 떨치고 있다.

이런 '싹수'가 보이는 미분양 아파트를 지금도 찾을 수 있을까? 당장은 집이 팔리지 않고 있지만 미래 투자 가치가 상당한 '흙 속의 진주'들이 제법 있다. 불황 속 위기를 기회로 잘 잡으면 우리는 부동산 부자가 될 수도 있다. 미분양 아파트는 어떻게 투자를 하면 될까?

기반시설이 좋아 살기 좋고, 개발호재가 많은 곳인지 잘 알아보자. 우선 학교나 교통, 편의시설 등 기반시설이 잘 갖춰져 있어서 살기 편한 곳이면 수요가 꾸준하다. 특히 기반시설 중에서도 특별히 강한 메리트가 있다면 더 좋다. 예를 들어 명문학군이라든지, 트리플 지하철역이라든지 이런 곳들은 시세 상승 여력이 더 크고 빠르다. 이에다 지하철 개통 예정지역이라든가, 대형 쇼핑몰 개발 등 대규모 개발호재가 있는 곳은 개발 프리미엄이 향후에라도 반영되기 때문에 안전하다.

저평가된 곳을 찾아야 한다. 미분양단지를 선택할 때 현재는 교통 및 주변여건이 좋지 않아 무관심 속에 있지만 그 단지가 입주를 시작하는 시점에 교통 및 기타 여건이 완공되는 곳을 선택해야 한다. 현재는 저평가되어 있지만 교통, 주변개발 등의 호재들이 있을 때는 가격이 오르기 때문이다. 공사가 계획대로 잘 진척되고 있는지 등도 꼼꼼히 챙겨봐야 한다. 요즘처럼 건설경기가 불안할 때에는 자칫 입주가 지연되거나 공사중인 사업장에 문제가 생길 가능성이 있다. 대단지나 대형 건설사들의 미분양 물량이 꾸준히 팔리는 것은 이 때문이다.

분양가를 주변 시세와 비교해야 한다. 통상 미분양의 경우 인접 단지보다 분양가격이 비싼 이유도 상당하다. 따라서 주변 아파트 시세는 매우 중요한 체크 포인트다. 분양 당시에는 가격이 비쌌는데 시장이 안 좋아서 주변 시세가 떨어진다면 메리트가 떨어진다. 특히 시장이 더 안 좋아져서 할인을 해주기도 하는데 할인을 받아도 주변 시세보다 높은 경우가 있다.

2008년 글로벌 금융위기 이후 침체가 장기화되면서 미분양 적체 현상이 심각해지자 할인 분양하는 단지들이 많았다. 용인 공세동의 모 아파트는 분양가에서 40~50% 할인을 해주기도 했지만, 미분양이 좀처럼 줄지 않았다. 하지만 기반시설, 개발가능성, 브랜드, 단지 규모 등 모두가 좋은데 가격만 비싸다면 투자 매력은 있을 수 있다. 시장이 회복이 되면 그 메리트가 반드시 반영되기 때문이다. 타워팰리스와 삼성동 아이파크가 바로 그 사례다.

더 넓고 큰 바깥 세상을 알지 못하는 '우물 안 개구리' 습성 때문에 성장하지 못하고 정체되어 있는 사람이 많다. 주거공간에 있어서도 자기가 살고 있는 동네와 집이 최고라 떠나지 못하고 평생 그 동네 사람으로 사는 사람들이 있다. 누가 봐도 공장 굴뚝으로 나오는 연기와 우후죽순 들어서 있는 빌딩으로 답답해 보이는데도. 앞으로 주택 투자에 있어서 실패하지 않기 위해서는 실수요자와 투자자 그 중간 지점에 서 있어야 한다. 즉 살기 편하고, 투자 가치도 높아야 한다. 지금 내가 살고 있는 집 주변이 혐오시설이 가득하거나, 재개발 얘기가 나왔을 때 주민들이 반대 목소리를 높인다면 과감히 그 집을 팔아야 한다.

2부

돈이 넘쳐나도,
이 아파트만은 팔아라

혐오시설이 가까운
곳의 아파트

사람이 기피하면
집값도 피해간다

혐오시설이란 사전적인 의미로 혐오감을 주는 시설이다. 지역 주민에게 공포감이나 고통을 주고 주변 지역의 쾌적성이 훼손됨으로써 집값이나 땅값이 내려가는 등 부정적인 외부효과를 유발하는 시설을 의미한다. 부동산가격이라고 하는 것은 그 부동산에 대한 수요와 공급의 균형점으로 결정된다. 수요자들 입장에서는 당연히 혐오시설 주변을 선택하기를 꺼려할 것이다. 가격이 아무리 싸다 해도 혐오시설 주변에서 거주를 하거나 상업시설을 이용하고 싶지 않기 때문에 가격이 다른 지역에 비해 오르기 힘들다.

대표적인 혐오시설로는 송전탑, 쓰레기 매립장, 교도소, 소각장 등이 있다. 매립지나 소각장, 쓰레기 하차장 같은 혐오시설은 사람들에게 위험성은 떨어지지만 쓰레기라는 자체로만으로 기피현상과 혐오감을 준다. 그래서 이같은 혐오시설은 건설 및 이전 등의 문제를 두고 논쟁은 물론 소송까지 이르기도 한다.

건설폐기물과 교도소와 싸우는 남양주 진건·오남과 안양시

남양주 진건과 오남지역 주민들은 20년째 '먼지와의 전쟁'이 계속되고 있다. 남양주는 산과 녹지가 풍부해서 다른 지역에 비해 쾌적한 주거환경을 자랑한다. 하지만 그 혜택을 누리지 못하는 남양주가 바로 진건과 오남지역이다. 인근에 자리 잡은 건설폐기물 재생업체 때문에 지난 20년간 수십 회에 걸친 집회와 민원 제기 등으로 맞서고 있지만 해결되지 않고 있다.

문제의 건설폐기물 재생처리업체는 재활용 가치가 있는 건축폐재류(폐콘크리트, 폐블럭, 폐아스콘, 철재 등)를 반입해 분리, 파쇄, 소각 등의 과정을 거쳐 선별된 폐잔재물은 수도권 매립지로, 재활용 골재류는 다시 건설현장에 공급하는 사업장이다.

경기도 안양시는 교도소 이전 문제가 해결되지 않아 골머리를 썩고 있다. 과거 1999년 법무부는 안양교도소 구조안전진단을 했고, 결과 시설 구조보강이 필요하다는 진단이 나왔다. 이에 교도소 이전이 추진되었지만, 문제는 교도소 이전이 계획대로 되지 않았다는 것이다. 교도소는 혐오시실로 여기다 보니 옮길 곳을 찾기란 쉽지 않았다. 결국 법무부는 교도소를 신축하기로 하고 2010년 9월 경 안양시에 안양교도소 재건축 협의를 신청했다.

하지만 안양시가 받아들이지 않자 행정소송까지 벌어졌다. 이에 기획재정부는 안양교도소와 서울구치소 등을 2018년 의왕시 왕곡동 인근으로 이전하기로 했다. 의왕시 왕곡동에 법무타운을 조성하는 경기남부법무타운 사업 계획안을 마련하기도 했지만, 교도소 이전 계획은 안양시와 의왕시 간 합의가 되지 않아 진행이 멈춰 있는 실정이다.

혐오시설 이전이 각 지자체마다 숙원사업이 될 수밖에 없는 이유는 지역 주민들의 건강 문제도 있지만 무엇보다 집값 영향 때문이다. 안양시 호계동의 집값 상승률은 안양시 평균보다 밑돈다. 안양시는 최근 1년 동안 13% 올랐지만 호계동은 12% 오르는데 그쳤다. 평균 아파트 매매값도 호계동은 안양시 평균보다 낮다. 안양시 아파트 매매값은 2018년 4월 기준 m²당 431만 원이다. 반면 호계동은 415만 원으로 안양시보다 낮다.

기피시설 탓인지 2017~2018년 수도권 매매가 상승 분위기에서도 이 일대는 예외다. 국토부 실거래가 시스템에 따르면 호계동 H아파트 전용면적 59.98m²의 경우 2016년 말 3억 2천만~3억 4,500만 원 정도에 거래되었고, 2017년 10~11월에도 이와 비슷한 3억 4천만~3억 4,700만 원 정도에 실거래 신고되었다. 최근 1년간 가격에 큰 변화가 없었다.

혐오시설이 선호시설로 바뀔 타이밍을 잡아라

혐오시설이 선호시설로 바뀌는 타이밍을 잡는다면 좋은 결과를 얻

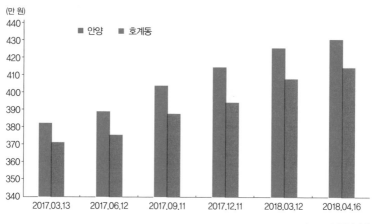

㎡당 안양시, 호계동 아파트 매매값 변동 추이

(만 원)

■ 안양　■ 호계동

자료: KB부동산시세

을 수 있다. 대표적으로 시흥 배곧신도시와 송도신도시다. 시흥 배
곧신도시는 화양성능시험장으로 만들어진 매립지였다. 2006년 시흥
시가 매입해 개발하면서 10여 년 만에 주거와 교육, 의료중심지로 환
골탈태했다. 서울과 인접한 지리적 장점에도 불구하고 분양가는 저
렴했다. 수도권에서는 보기 드문 3.3㎡당 800만 원 후반대의 저렴한
분양가가 책정되었다.

　송도신도시는 2018년 개발 15년, 입주 12년을 맞이했다. 인천의
랜드마크는 물론 대한민국의 국제도시로 성장한 인천 송도국제도
시는 15년 전만 해도 허허벌판의 매립지였다. 그런 곳이 2020년까
지 예정된 53.45km²규모(여의도 면적의 17배)의 공유수면 매립공사가
속도가 붙고 있다. 송도국제도시가 위치한 연수구 집값은 인천 내에
서도 단연 독보적이다. 인천 평균 아파트 매매값이 ㎡당 271만 원인

158

가운데 연수구는 m²당 무려 329만 원으로 가장 높게 형성되어 있다.

마포구 당인동에 있는 당인리 발전소는 대한민국 최초의 화력발전소다. 발전소나 고압 전류가 흐르는 송전탑은 혐오시설 중 최고라고 할 수 있다. 최근 당인동과 인근 상수동의 부동산 시세가 급등하고 있다. 2017년 당인리 발전소가 완전히 지중화된다는 것에 대한 기대 가치다.

서울에서도 집값이 저렴한 동네로 알려진 금천구도 군부대 이전을 통해 달라졌다. 금천구는 서울시가 2013년 7월 '군부대부지지구 단위계획변경 및 세부개발계획 결정안'을 가결하고, 도하부대 용지를 대규모 복합단지로 개발하기로 하면서 집값이 상승했다. 한국감정원 전국주택가격 동향조사 기준으로 2013년 7월부터 1년간 서울 아파트 매매값은 1.1% 올랐지만 금천구는 2.1%나 올랐다.

송전탑, 공동묘지 등은
절대적으로 피하라

2010년 4월, 충남 청양군 화성면 용당리 '큰동네 마을'에 큰 사건이 발생했다. 주민 52가구 130여 명의 주민 중 무려 8명의 암 환자가 발생한 것이다. 암의 원인은 2008년에 마을 앞을 가로질러 생긴 345kV(킬로볼트) 고압 송전선에서 나오는 전자파 때문이라는 것이다. 왜냐하면 대부분의 마을 주민 암 환자들은 대부분 고압 송전선이 설치된 이후부터 발생했기 때문이다.

송전탑 전자파가 암 발병률을 높인다

2012년 1월, 밀양 주민 이치우씨가 송전탑 건설을 반대하면서 분신한 사건은 사회적으로 큰 충격을 줬다. 이치우씨 사건은 물론 창원과 광주 곳곳에서도 송전탑과 관련해 주민들과 지방자치단체 간 갈등이 벌어지고 있다.

송전탑으로 인한 갈등은 최근에도 여전하다. 인천 강화군 삼성2리 마을 주민은 1985년에 만들어진 6만V(볼트) 송전탑 때문에 30년 동안 공포와 두려움으로 살아왔는데, 한국전력공사는 2016년 초 마을에 송전탑을 추가로 건설하겠다는 계획을 발표해 주민 반발이 거세지기 시작했다(강화와 교동, 석모도 지역에 안정적인 전력을 공급하기 위한 방침이란 것). 철탑이 지나는 곳에는 모두 8개의 마을이 있다. 이 중 삼성2리와 인산리 주민이 사는 곳과의 거리가 채 10m도 떨어져 있지 않은 곳도 있다.

송전탑 주변 지역 주민은 신체적·재산적 피해를 받고 있다. 대표적인 것은 송전선로에서 발생하는 전자파로 인한 암 발병 등 건강피해 논란이다. 특히 최근 주거 트렌드가 친환경이 대세인 만큼 송전탑과 같은 시설은 민감한 쟁점이 될 수밖에 없다.

지난 2013년 충남발전연구원 이인희 연구위원이 발표한 '송전선로의 사회경제적 피해와 충남의 대응방안'에서 15만 4천V 송전선은 최소한 30.27m이상 떨어져 생활하는 것이 안전하다고 명시했다. 이보다 가까운 곳에서 거주할 경우 암 발생률이 높아지기 때문이다.

전자파는 강도의 차이보다는 지속적으로 얼마나 노출되느냐는 빈도의 영향이 더 크다. 전자파 세기가 약하더라도 지속적으로 노출이

된다면 암 발병률이 높아진다는 결과도 많다. 노벨의학상 심사기관인 스웨덴 카롤린스카연구소는 고압 송전선과 주변 지역 소아암 발병률 관련 논문을 작성했고, 그 내용에는 '1~2.9mG(밀리가우스)'의 전자파에 노출된 아동군의 백혈병 유발률은 1.5배, 그리고 3mG에 노출된 경우는 3.8배 달한다고 한다. 세계보건기구(WHO) 산하 국제암연구소(IARC)에서는 전자파를 발암 가능성이 있는 물질로 분류하고 있다.

환경부 국립환경과학원의 '건강 위해성 평가를 위한 전자파 관리 방안 도출 연구' 보고서는 송전탑 전자파의 영향으로 발생하는 소아백혈병환자의 숫자와 사망예정자 수를 공개했다.

보고서는 2013~2022년 발생할 소아백혈병환자가 2,058명이며, 이 중 29~38명은 송전선 전자파 영향으로 인해 발병하고, 그 가운데 12~13명은 사망하게 될 것으로 예상했다.

한국전력공사의 '가공송전선로 전자계 노출량 조사연구 보고서'에 따르면, 765kV 송전선로 38곳 인근의 전자파 노출량을 측정한 결과 80m 떨어진 지점에서 평균 3.6mG의 수치가 측정되었다. 송전선으로부터 80m 이내에 거주할 경우, 위에 언급한 스웨덴 카롤린스카연구소가 밝힌 대로 소아백혈병 발병률이 3.8배 가량 높아지는 수준의 전자파에 노출된다는 얘기다.

송전탑 설치는 환경적인 문제와 함께 집값 하락으로 이어질 가능성도 크다. 집값은 수요가 많을수록 상승하기 마련이다. 근데 인체에 해로운 송전탑이 집 주변에 위치한다면, 아무리 가격이 저렴해도 매매하기 꺼려진다.

도시의 그림자인
고가도로 옆 주택

배우 마동석과 윤계상의 멋진 연기로 큰 이슈를 일으켰던 영화 〈범
죄도시〉. 개봉 전 〈범죄도시〉 제작진들은 가리봉동 구로고가차도에
서 영화 촬영을 할 수 있게 도로 교통정리에 협조해 달라는 공문을
지역 주민들에게 보냈으나 협조가 어려워 대부분의 장면을 따로 마
련된 세트장에서 촬영해야만 했다. 그동안 가리봉동은 유난히 낮은
가리봉고가도로 중심으로 어두운 이미지 때문에 범죄도시 영화뿐만
아니라 영화 〈황해〉, 〈신세계〉 등에서 연벤과 조선족의 부정적인 배
경 장면으로 등장했다.

　서울 청계천 일대는 2003년 청계고가도로 철거와 청계천 복원으
로 외국인 관광객이 많이 찾는 도심의 대표적인 상권으로 떠올랐다.
홍은동 유진상가 인근 상권도 2012년 홍제고가가 철거된 뒤 되살아
났다. 개통 46년 만인 2014년에 사라진 아현고가도로는 시청과 서대
문, 서울역 등 3개 방향에서 신촌 쪽으로 나가려는 차들로 교통체증
에 시달렸지만 철거 이후 교통여건이 오히려 좋아졌다.

청계천 복원 이후 고가 철거 = 부동산가격 상승 인식 커져
'길이 나는 곳에 부동산이 보인다.' '길 따라 돈이 난다.' 부동산업계
에서 자주 회자되는 말이다. 하지만 고가도로는 다른 의미다. 고가
도로는 생기는 것이 아니라 철거되서 사라지면 돈이 된다. 고가도
로가 사라진다는 것은 새로운 길의 탄생을 의미하기도 하다. 무엇

보다도 고가도로가 있음으로써 드리워졌던 그림자가 사라지기 때문이다.

고가도로는 '도심 속 그림자'로 불린다. 그런 도심 속 그림자가 철거되면서 부동산시장에 활기를 띠고 있다. 고가도로가 사라지면 우선 어두운 그늘이 사라짐으로써 교차로 일대 사람들의 유입이 늘어나고 상권이 발달한다. 또한 소음과 미관 문제도 사라진다.

2003년 청계고가도로가 철거가 된 후 청계천은 복원되었고, 청계천은 전세계적으로 널리 알려져 관광지로 자리매김 했다. 특히 청계천이 복원되면서 그 지역 부동산가격이 크게 상승했고, 고가철거는 곧 부동산가격 상승이라는 인식이 자리 잡았다. 실제로 청계천이 복원된 후 이 일대 아파트가격은 이전에 비해 3배 이상 뛰었다. 청계고가에 이어 삼일, 원남, 미아고가 주변 지역들의 부동산가격도 크게 상승했다.

고가도로 철거, 집값보다 상권 영향이 더 커

2002년에 1977년 준공된 떡전고가도로가 사라졌고, 2014년 7월에 1984년 지어진 약수고가도로까지 총 17개 고가도로가 철거되었다. 고가도로는 원활한 교통을 위해 만들어졌지만 도시의 그림자, 집값 하락의 원인으로 전락하면서 철거 대상이 되고 있다.

고가도로 주변에는 집보다는 상가들이 많이 밀집되어 있기 때문에 집보다는 상가들에 긍정적인 영향을 더 많이 준다. 고가도로가 사라지게 되면 상가들은 우선 사람들로 하여금 눈에 잘 띄는 가시성에 영향을 주고, 그늘이 사라짐으로써 이동이 편리해지는 접근성에 긍정적인 영향을 준다. 실제로 2009년에 회현고가가 사라지면서 상가시장에 큰 변화를 줬다. 남산1·2가 일대 상가 중심으로 매물 가격이 크게 상승했다.

지난 2012년 홍제고가가 철거된 뒤에는 인근 유진상가 주변의 상권이 살아났다. 고가 밑 어두운 그늘이 사라지면서 주변경관이 밝아지자 유동인구도 급격히 늘어난 것이다. 이에 따라 상인들의 표정도 밝아졌다. 당시 서대문구가 구정 만족도 조사를 실시한 결과, 홍제고가도로 철거가 1위(37%)를 차지한 것이 이를 방증한다.

고가도로 철거는 집값에도 영향을 미친다. 2009년 한강대교 북단 고가도로가 사라지면서 한강 조망권이 확보된 한강로 대우트럼프월드Ⅲ는 집값이 폭등했다. 2009년 회현고가도로가 철거된 뒤 인근 회현동 미분양 주상복합 아파트였던 롯데캐슬 아이리스와 리더스뷰 남산, 남산플레티넘 등의 계약률도 빠르게 올랐다.

아현고가도로 철거로 인해 지하철 5호선 애오개역 근처에 있는 마포트라팰리스2차(2008년 입주)의 매매값이 부동산114시세 기준으로 전용면적 99m²의 매매값이 2014년 1월 5억 6,500만 원에서 2017년 12월 7억 3,750만 원으로 1억 7천만 원 이상 상승되어 거래되고 있다.

남산 롯데캐슬 아이리스(롯데건설)와 리더스뷰 남산(SK건설), 남산 플래티넘(쌍용건설) 등 주상복합 아파트도 큰 영향을 받았다. 분양 당시에는 미계약분이 남아있었지만 고가도로가 철거되면서 남산 조망권이라는 호재가 생기면서 계약률이 크게 높아졌다.

재건축설만
20년째인 아파트

상가주택과
분쟁이 심한 주택

재건축 사업 수익률은 얼마나 사업 탄력을 받느냐에 따라서도 달라진다. 재건축 사업 문제들을 하나씩 풀어가며 한 단계씩 올라갈 때마다 재건축 아파트 시세는 크게 오른다. 또한 사업이 빨라질수록 재건축 아파트에 묻어둔 시간이 줄어들기 때문에, 그에 대한 금융비용도 적기 마련이다. 그렇기 때문에 재건축 아파트는 오래 살려는 실수요자보다는 투자 목적으로 접근하는 사람이 많을수록 사업 단계가 빠를 수 있다.

아파트가 재건축을 할 때 특히 대단지 재건축 단지의 경우에는 주택 소요주와 상가 간의 갈등이 크다. 주택 소유자는 재건축하는 동안 잠시 다른 곳으로 이사하는 불편을 감수하면 되지만 상가 소유자는 직장을 잃는 위험에 처하기 때문에 상가 소유자들은 재건축을 반대할 수밖에 없다.

상가의 반대가 심하고 그것이 소송까지 가는 일이 생기다 보면, 재건축 사업이 무산될 가능성도 있기 때문에 상가와의 협의가 얼마나 원만한지도 꼭 따져봐야 한다.

상가와의 갈등은 재건축 사업의 가장 큰 걸림돌

서울 용산구 이촌동 한강맨션이 대표적이다. 10년 넘게 논란이 이어지다 결국 상가를 제외한 채 재건축을 추진하기로 했다. 서울 중심에 있는 한강변 아파트인데다 대지지분율이 높아 사업성이 높은 단지로 꼽히는데 그간 상가주의 동의가 부족해 재건축 추진이 지지부진했던 곳이다. 상가 소유주들이 재건축에 부정적인 건 공사과정에서 임대수익을 얻지 못할 뿐만 아니라 주변 수요에 비해 상가가 턱없이 부족한 노른자 상권이어서다. 비단 이 단지가 아니더라도 상가의 경우 정비사업을 끝낸 후 상권변화를 예측하기 어려워 재건축에 부정적인 경우가 많았다. 하지만 결국 추진위원회가 상가동과 분리해 재건축을 강행하자 막판에 재건축 찬성으로 선회했다.

강남구 청담동에 소재한 청담삼익아파트는 관리처분인가까지 마쳐 재건축 초과이익환수제를 피했음에도 불구하고, 상가 일부 상인들의 소송으로 조합 설립 자체가 무효가 될지도 모르는 상황에 놓였다. 지하 3층~지상 35층, 1,230가구 규모로 재건축하려던 이 단지는 초과이익환수제를 피하고 2018년 분양계획을 잡고 있다가 날벼락을 맞았다. 아파트 상가 소유주들이 강남구청을 상대로 '조합설립인가 무효확인' 행정소송을 냈고, 최근 법원이 상가 상인들의 손을 들어준 것이다. 조합과 강남구청은 1심 패소를 전혀 예상하지 못해 당황한 기색이 역력하다.

2003년 조합 설립 당시 청담삼익조합은 상가를 아파트의 일부가 아닌 별도의 상가로 보고 당시 규정이었던 2/3 동의를 받지 않았는데, 이것이 문제가 되었다. 1심 패소 후 강남구청은 변호인단을 바꿔 2심 소송에는 좀더 공격적으로 임하겠다는 뜻을 밝힌 것이다.

2심에서도 패소할 경우 아예 조합설립 자체가 무효가 되어 조합설립을 다시 해야 하는 최악의 상황으로 치달을 수도 있기 때문이다. 이 경우 재건축 사업이 얼마나 늦어질지 짐작하기도 어려운 데다가, 막대한 매몰비용 때문에 사업성을 확보할 수 있을지도 알 수 없다. 상가뿐 아니라 청담삼익주민단체인 비대위(비상대책위원회)가 사업시행인가 무효소송, 관리처분총회 무효소송, 시공사 본계약총회 무효소송까지 진행중이라 소송으로 얼룩진 상태다.

상가와의 갈등은 재건축 입주 후까지 이어지기도 한다. 강남구 역삼동 성보아파트를 재건축한 테헤란아이파크는 2014년 준공했지만, 입주 3년이 넘도록 등기를 하지 못했다. 인근 이웃단지와의 땅 문제와 함께 단지 내 상가와 입주민 간 주차장 지분 분쟁이 일어났기 때문이다. 재건축 후 상가 소유주들이 임차료를 크게 올리는 바람에 상가에는 대형마트, 세탁소 등 주민을 위한 생활편의업종도 들어서지 못하고 있다.

은마아파트 역시 상가 문제가 변수로 남아 있다. 아파트조합이 강남구 대치동과 도곡동, 개포동까지 아우르는 최대 상가인 '은마상가'의 동의 50%를 받을 수 있을지가 중요하다. 은마상가는 다른 아파트 상가와 달리 강남권을 아우르는 규모와 영업력을 보유하고 있다. 이런 상황에서 은마상가가 아파트 재건축을 위해 최소 2~3년이 걸리는 공사 기간 동안 영업을 하지 않겠다고 선뜻 동의할지 미지수다.

대지지분이 너무 작은
재건축 아파트

2017년 10월 서울시 도시계획위원회 심의를 통과한 서울 송파구 오금동 가락상아1차. 1984년 준공한 이 단지는 용적률 194%를 적용해 226가구 규모로 만들어진 중층 아파트다. 용적률이 높아 재건축 사업성이 떨어진다는 평가를 받아왔다.

재건축 아파트에 투자하기 전에 꼭 알아봐야 할 것이 대지지분과 무상지분율이다. 대지지분이란 단지 내 대지 면적을 전체 세대수의 아파트 면적으로 고려해서 나눈 몫이다. 즉 용적률이 낮을수록 대지 지분이 크다. 대지지분에 따라 향후 재건축 시 시공사가 제시해 주는 무상지분율이 달라지고, 이에 따라 주택 수요자가 내야 하는 추가분담금이나 청산금이 달라지기 때문에 중요하게 체크해야 한다. 쉽게 말해서 같은 면적의 땅에서 10층짜리 주택을 짓는 것과 30층짜리 아파트를 짓는 것은 차이가 크다. 30층짜리가 10층짜리보다 훨씬 가구수가 많기 때문에 30층 아파트의 대지지분이 적다.

그렇다면 재건축 무상지분율이란 무엇일까? 재건축단지 조합원이 추가분담금 없이 넓혀 갈 수 있는 면적비율을 말한다. 예를 들어 무상지분율이 200%라면 대지지분이 100m²인 사람이 재건축 후에 200m² 아파트를 추가부담 없이 받을 수 있다는 것이다. 무상지분율은 용적률, 분양가, 시공비(공사비)에 따라 좌우되기 때문에 조합원의 금전적인 부담과 직결된다.

대지지분에 따라 추가부담금이 달라진다

서울 강동구 둔촌동 둔촌주공아파트의 경우 2010년 현대건설, 현대산업개발 컨소시엄이 조합원에게 164%의 무상지분율을 제시해 시공권을 따냈다. 그런데 2016년 말 조합원에게 최고 32%포인트 낮은 132~158%로 통보하면서 문제가 불거졌다. 무상지분율이 낮아지면 조합원이 무상으로 받을 수 있는 집 크기가 줄어 들기 때문에 분담금이 늘어나게 된다. 이 사업지의 경우 무상지분율이 164%일 때는 전용면적 52m²형 소유자가 재건축 후 전용 84m²짜리 아파트를 분양받으려면 약 5,823만 원을 내면 되지만, 무상지분율이 132%로 내려가면 1억 68만 원으로 부담금이 2배 이상으로 늘어난다.

2012년 시공사로 선정된 GS건설은 조합과 가계약 당시 조합원 지분을 150%로 정했으나 2015년 말 132%로 낮추겠다고 조합 측에 통보했다. 전용 66m²짜리 아파트를 가진 조합원은 기존 지분율대로라면 99m²형을 무상으로 받을 수 있었지만 132%로 낮아지면 7천만원 이상 분담금을 내야 한다.

대지지분에 따른 무상지분율 비교

단지명	평형	대지지분	무상지분율		
			150%	160%	170%
방이동 올림픽선수촌	34	20.83	31.25	33.33	35.41
자양동 한양아파트	35.8	20.9	31.35	33.44	35.53
신반포2차	22.4	11.2	16.8	17.92	19.04
신반포3차	32.4	15.6	23.4	24.96	26.52

자료: 각 중개업소

위의 표를 보면 방이동 올림픽선수촌은 무상지분율 170%가 나와도 추가부담금 없이 기존 평형보다 더 큰 평수로 갈 수 있고, 자양동 한양아파트는 무상지분율이 170%가 나오면 추가부담금 없이 1:1 동일 평형으로 이동이 가능하게 된다. 하지만 신반포2차와 신반포3차는 무상지분율이 170%가 나와도 추가부담금 없이 동일 평형으로 이동은 불가능하다. 따라서 대지지분이 너무 작은 재건축의 경우에는 향후 재건축 소유주가 내야 하는 추가부담금이 커질 수 있기 때문에 대지지분 체크를 놓치지 말아야 한다.

용적률 높은 단지도 사업성 떨어진다

대지지분이 너무 작지는 않아도 용적률이 높은 단지는 재건축 사업성이 떨어진다. 때문에 강남권의 10층 이상 중층 단지들이 그동안 큰 메리트가 없었다. 하지만 용적률이 높은 단지여도 중대형 주택형으로 구성되어 있다면 사업성을 높일 수 있다. 중대형 주택형에서 중소형 물량을 늘리면 가구수를 늘릴 수 있기 때문이다. 일반분양 물량이 늘어나면서 사업성을 개선할 수 있다.

위에서 언급한 가락상아1차는 전용 123m²에 대지지분은 74.9m²다. 지분율이 낮은 편은 아니지만 용적률이 높아 사업성이 좋지 못했다. 예로 올림픽선수촌만 해도 전용면적 85m²인 아파트 대지지분이 69.3m²에 달한다(용적률 137%). 하지만 가락상아1차는 154가구였던 중대형(전용 107·123m²)을 대폭 줄이는 대신 44m², 59m², 84m²를 늘려 사업성을 높였다. 용적률은 194%에서 299.75%로 늘었다.

임대주택(60가구)을 제외한 순 분양주택은 108가구다. 분양 비율은 48%로 사업성이 높은 편이다. 용적률 100% 이하 저층 아파트 개포주공4단지가 기존 2,840가구에서 재건축 이후 3,200가구로 늘어난다는 점을 감안하면 가락상아1차는 놀라울 정도로 가구수를 많이 확보했다. 대형 물량을 최소화했기 때문에 가능한 일이었다.

통상적으로 용적률이 180%를 웃돌면 사업성이 떨어진다고 평가해 왔다. 2종 일반주거지역 용적률은 250%, 3종 일반주거지역 용적률은 300%로 제한된다. 때문에 용적률 180% 이상인 단지는 일반분양 물량을 많이 확보하기 어려워 사업성이 떨어진다. 하지만 마이너스 재건축 방식을 활용하면 용적률이 높더라도 중소형 물량을 많이 확보함으로써 사업성을 높일 수 있다.

1984년 준공된 송파구 문정동 가락현대1차, 가락동 가락극동아파트, 가락동 가락삼환아파트 등도 마이너스 재건축 방식으로 사업을 추진중이다.

재건축에 투자할 때
꼭 따져봐야 할 것들

재건축 아파트에 투자할 때 앞서 나온 상가와의 갈등이 심한 곳, 대지지분이 작은 곳 등 외에도 유의해야 할 것들이 많다. 소소해 보이지만 그에 따른 수익률이 크게 달라지기 때문에 작은 것도 잘 체크해 보자.

단지 내 상가가 단일 소유주일 경우

단지 내 상가와 협의는 항상 재건축 사업 추진에 중요한 문제가 된다. 특히 단지 내 상가가 단일 소유자라면 재건축에 큰 걸림돌로 작용할 수 있다. 상가 소유자가 한 명이면 한 명 동의만 받으면 되니까 쉽지 않을까 생각할 수 있다. 하지만 이 소유주는 자기 동의에 따라 재건축 가능 유무가 결정될 수도 있기에 요구사항이 커질 수 있다.

진입로가 좁은 단지

땅을 살 때 도로와 접해 있느냐에 따라 그 가치가 크게 달라지듯 재건축 아파트 역시 진입도로가 중요하다. 오래된 아파트일수록 진입도로를 제대로 확보하지 못한 곳이 꽤 있다. 이들 단지들은 재건축을 할 때 반드시 그 가구수에 맞게 진입도로를 확보해야 한다. 그 부담은 조합원들에게 돌아가기 때문에 조합원의 추가부담금이 커질 수 있다.

노인 거주 비율이 높은 아파트

노인 등 취약계층 거주 비율이 높은 아파트는 상대적으로 재건축 사업 탄력이 느리다. 집값이 얼마나 오르냐도 중요하겠지만 현재의 그들은 대부분 삶의 만족도가 높다. 오래 살아서 익숙한데 굳이 재건축을 통해 이사하고 싶지 않은 것이다. 그렇기 때문에 재건축이 귀찮을 수도 있고 달갑지 않을 수도 있다. 강남구 압구정동이 다른 지역에 비해 재건축 사업 추진 속도가 느린 이유 중 하나가 노인이 많이 거주하고 있기 때문이다.

재건축 아파트는 로얄층이 필요없다

로얄층과 비로얄층 간의 가격차이는 크다. 1억 원 이상 차이가 나는 경우도 있다. 하지만 로얄층은 본인의 거주 목적이 강할 때 필요하다. 재건축 아파트의 경우에는 거주하는 것보다는 투자 목적이 강하기 때문에 굳이 더 많은 투자금액을 주고 로얄층을 매입할 필요는 없다.

머나먼 길인
재개발과 뉴타운

뉴타운 해제 등으로
난개발이 이뤄지는 곳

옆 빌라 신축 공사가 끝나나 싶었더니 이번엔 앞 단독주택이 철거를
하고 있다. 4년 전부터 동네가 1년 내내 공사판이다. 여기서는 빌라
가 저기서는 원룸 다가구주택들이 어떤 곳은 상가주택들이 막 들어
서니 이게 바로 난개발인 것이다.

난개발이 이뤄진 곳은 다시 그림 잡기가 힘들다
박원순 서울시장 취임 이후 뉴타운 출구전략 등을 통해 서울시 뉴타
운, 재개발, 재건축 등 정비사업 구역 가운데 절반 가량이 해제되었

다. 반면 이들 해제 지역을 대상으로 한 관리방안 마련이 지연되면서 빌라가 우후죽순 건립되고, 최근에는 지역주택조합 사업까지 가세하면서 난개발이 이뤄지고 있다.

뉴타운 해제 작업이 본격화된 후 해제 지역에는 이른바 '빌라 업자'들이 꾸준히 모여들었다. 뉴타운의 경우 일단 지정이 해제된 후에 뚜렷한 후속 대책이 나오지 않았다. 이 때문에 은평구와 서대문구, 성북구, 중랑구 등의 해제 구역에서는 단독 주택 등을 사들여 빌라를 지은 후 되팔아 시세차익을 내려는 사람들과 신축 빌라를 통해 임대수익을 내려는 투자자들이 몰리면서 단독·다세대주택 거래가 활발했다.

'거래가 활발하고, 개발이 활발하면 좋은 게 아닌가' 생각하는 이도 있을 수 있다. 같은 단독·다세대주택 거래라 하더라도 진행중인 재개발사업에 대한 기대감으로 매매를 하거나 단독주택을 사들인 후 용도 변경해 상가주택을 지어 임대수익, 매매차익을 내는 식의 상권 투자가 이뤄지는 마포구, 용산구, 성동구 일대와는 매매의 목적이 다르다.

재개발 진행중에 거래가 활발한 곳과 해제된 가운데 거래가 활발한 것의 가치는 미래가치에서 확실히 다르다. 재개발이 진행되는 곳은 향후 개발 완료에 따른 건물뿐만 아니라 더 나아가 지역 가치 변화의 기대감이 크다.

하지만 뉴타운 해제가 된 곳에서 계획적으로 개발이 되는 것이 아니라 개인 사업자들이 사들여 우후죽순 개발이 이뤄지게 된다. 노후 주택 사이로 새 빌라가 생겨 한마디로 난개발이라는 결과를 낳는다.

집은 새 빌라에 살 수도 있겠지만, 기반시설은 노후화되고 어려운 상황은 그대로다. 뉴타운이나 재개발이 이뤄지게 되면 집만 부수고 바뀌는 게 아니라 인근 도로와 주차공간, 가로등, 학교 등 주민생활의 핵심 인프라도 함께 변화되어 지역이 탈바꿈된다. 하지만 뉴타운이 해제되어 우후죽순 개발이 되는 곳은 주변 인프라가 부족한 상황이 계속 될 가능성이 높다.

즉 그림을 그릴 때 전체적으로 구도를 잡고 스케치를 하고 색을 칠해야 한다. 그런데 그림에서 중간중간은 빼고 색을 칠한다면 멋진 그림이 완성되기 어렵다. 뉴타운 역시 처음에 지정되었을 때 전체적인 그림을 그려 도로와 학교 등 기반시설을 고려하고 구역을 지정하고 뉴타운으로 묶어 정리가 되었다. 하지만 뉴타운으로 묶인 지역 중에서 중간중간 구역들이 해제가 될 경우 제대로된 도시가 형성되기 어렵다. 무엇보다 향후 다시 재개발이나 뉴타운이 추진되려고 해도 어려움이 크다. 재개발 시 신축 빌라 주인들의 동의를 받기가 쉽지 않을 수도 있고, 지역 전체의 노후도가 떨어져 재개발을 다시 추진하기 어려운 상황이 될 수도 있다.

지분쪼개기가 심한
재개발

김○○씨는 2007년 서울 용산국제업무지구 주변, 청파동2가에 점포(27.3m²)를 은행 대출 9,600만 원을 끼고 2억 원에 매입했다. 하지만 이 매물은 속칭 '지분쪼개기용 물건'이었다. 문제는 2008년 입주하자마자 발생했다. 입주를 하니 용산구청에서 철거명령이 내려졌다. 김씨가 철거를 하지 않자 용산구청은 6개월 단위로 150만 원이나 되는 이행강제금을 물리기 시작했다.

왜냐하면 이 건물은 대부분 근린생활시설로 건축허가를 받았는데 실제로는 '주거용 원룸'으로 지어졌기 때문이다. 당연히 철거명령이 내려졌기 때문에 세입자를 구할 수도 없었다. 세입자를 못 구하면서 은행 대출이자 감당이 어려워지고, 이자가 3달 이상 연체되면서 점포는 경매에 들어갔다. 최저 매각가격이 감정가격의 51%인 6,100만 원 수준까지 떨어져 김씨는 투자자금을 한 푼도 건지지 못하고 신용불량자가 될 처지가 되었다.

지분쪼개기가 심한 곳은 사업 무산까지 올 수 있다

2013년 초 용산국제업무지구 주변의 지분쪼개기 물건들이 대거 경매시장에 등장해 큰 이슈가 되었었다. 경매로 나오는 것은 대부분 청파동·서계동·후암동·용산동 등에 있는 물건들이었다. 용산국제업무지구의 후광효과를 얻을 것으로 예상되는 이들 지역에선 2006년 말부터 2008년 글로벌 금융위기 이전까지 지분쪼개기가 극성을 부린 바 있다. 지분쪼개기란 땅을 여러 개의 소유권으로 나눌 수 있는 다가구·다세대주택 등을 짓는 것을 말한다. 주로 재개발 예정구역이나 예상지역에 새로 지어지는 아파트 입주권을 여러 개 확보하기 위한 방법으로 악용된 바 있다.

당시 이 일대 재개발들은 3.3m²당 지분값이 1억 원 이상을 호가하기도 했다. 하지만 용산국제업무지구 개발이 무산되고, 이행강제금 등으로 인해 경매물건으로 대거 쏟아져 나오게 된 것이다.

문제는 경매로 나온 지분쪼개기 물량들이 헐값에도 잘 팔리지 않는다는 것이다. 2013년 경매에 나온 용산구 지분쪼개기 경매물건의 평균 낙찰가율은 56.6%를 기록했다. 게다가 지분쪼개기 물건 대부분은 근린생활시설로 건축허가를 받은 뒤 원룸과 같은 주택으로 개조해 사용하는 경우가 많다. 근린시설일 경우 가구당 1대씩 주차시설을 설치해야 하기 때문이다. 문제는 이런 경우 불법 시설물이기 때문에 이행 강제금을 별도로 구청에 내야 해서 경매장에서 제값을 받지 못한다.

지분쪼개기가 심한 곳은 재개발사업 지체는 물론 무산까지 가져올 수도 있다. 대표적으로 성동구도 금호13구역이다. 1998년부터 재개발이 추진되었다. 금호13구역은 2005년 11월 3일 구역 지정, 2006년 3월 22일 조합이 설립되었다. 5만 8,350㎡ 면적에 총 건립가구 1,137가구 중 분양은 943가구, 임대는 194가구가 예정되었다. 그러나 지분쪼개기로 조합원수가 건립가구수보다 월등히 많아져 사업 추진이 불투명해질 정도가 되자, 2008년 지분합치기를 통해 조합원수를 1,736명에서 956명으로 줄이는 작업을 해야만 했다.

경기 고양시 일산동구 식사2구역 22만 7천㎡의 대지에는 계획대로라면 지금쯤 2,200채 규모의 아파트단지가 들어서 있어야 했다. 신안건설산업과 DSD삼호, 원주민 170여 가구 등이 도시개발사업조합을 만든 것은 2009년 5월이었다. 그러나 8년 넘게 건축허가도 받지 못하고 있다. 도시개발계획이 교착상태에 빠진 것은 삼호 측이 개발 예정한 터 2필지를 명의신탁방식으로 지분을 잘게 쪼갰다는 의혹이 제기되면서부터다. 이른바 '지분쪼개기'를 통해 조합원을 늘려 사업조합을 장악하려는 의도가 숨어 있다는 주장이었다. 등기부등본에 따르면 식사동 587-14 땅은 넓이가 242m²(약 73평)인데 주인은 129명이었다. 한 명당 1.88m²씩 소유한 셈이다.

지분쪼개기는 인기 있는 지역이나 재개발일수록 그리고 시장이 좋을수록 더 성행을 한다. 최근에는 용산구 한남동의 지분쪼개기가 심한 것으로 알고 있다. 지분쪼개기 물건은 등기부등본을 통해 알 수 있으니 투자 전에 꼭 체크하자.

신축과 빌라가
많은 곳은 조심하자

재개발에 투자했다가 큰 수익을 올리는 투자자는 분명 있다. 반대로 몇억 원이나 되는 큰돈을 쏟아부었다가 자금이 묶여 크게 후회하는 투자자도 수두룩하다. 실패하지 않는 투자를 위해서 무엇보다 사업기간과 사업성을 꼼꼼히 따져봐야 한다.

재개발 투자로 수익을 얻으려면 짧게는 2~3년, 길게는 10년이 걸릴 수도 있다. 그래서 모든 투자가 그렇듯 '타이밍'이 가장 중요하다. 아직 가격이 많이 오르지 않은 사업 초기 단계에 투자를 시작하면, 당연히 나중에 팔았을 때 큰 수익을 기대할 수 있다. 하지만 초기 단계에선 정확한 투자수익을 예측하기 어렵다. 반대로 모든 것이 확실해질 때까지 기다리면 불확실성은 줄어들겠지만 이미 가격이 많이 오른 뒤인지라 투자수익이 적어진다.

지나치게 높은 웃돈은 금물

지나치게 높은 웃돈을 주고 구입하는 것도 조심해야 한다. 특히 한남동, 성수동, 노량진 등 아직 사업이 초기 단계인 구역은 사업기간이 최소 7~8년 이상 소요될 전망이다. 향후 몇 년 안에 부동산 경기가 어떻게 뒤바뀔지는 아무도 모른다. 더군다나 최근 주택도시보증공사(HUG)가 고분양가 책정에 제동을 걸고 있는 만큼 일반분양가와 조합원 입주 비용 차이가 크지 않다면 오히려 재개발 투자가 손해일 수 있다.

신축이 많은 곳은 피하라

재개발된다는 것은 노후화된 아파트를 중심으로 새 주거지로 정비하는 사업이다. 하지만 새롭게 건축된 신축 주택이 많이 들어서 있는 곳은 노후도에서 각 시·도의 승인을 받기 어렵기 때문에 재개발 사업 추진이 어렵다.

빌라 비율이 많은 곳도 피하라

재건축이나 재개발의 가장 큰 목표는 '사업성'이다. 재개발을 통해 조합원들이 최대한 얼마나 큰 수익을 올릴 수 있느냐는 것이다. 과거 지어진 빌라 밀집지역은 노후화가 심각하지만 개발이 여의치 않다. 밀도가 워낙 높아 기존 재개발, 재건축 방식으로는 사업성이 현저히 떨어지기 때문이다.

풀어서 설명을 하자면 같은 면적의 재개발 구역에 단독주택이 밀집되어 있는 것과 빌라가 밀집되어 있는 가장 큰 차이점은 조합원수다. 단독주택은 빌라에 비해 지분이 크다. 반면 조합원수는 적기 때문에 일반 가구수를 늘리는데 훨씬 도움이 된다. 즉 단독주택이 많이 밀집되어 있을수록 수익성이 높다. 따라서 재개발 구역에 빌라가 너무 많으면 사업성이 떨어져 재개발 추진이 쉽지 않다. 대표적으로 강서구 화곡동 재개발 일대를 들 수 있다.

뉴타운 해제지역 내 우후죽순 들어서는 지역주택조합아파트

지역주택조합아파트가 경기 외곽지역에 이어 서울 뉴타운 해제지역에서도 움직임이 활발하다. 일반분양 아파트와 재건축 아파트가격이 오르자 일반분양보다 10~20% 싼 가격을 내세워 우후죽순으로 사업장이 늘어나는 모습이다.

지역주택조합은 일종의 아파트 공동구매 모임이다. 조합원이자 지역 주민이 돈을 모아 아파트 지을 땅을 사고, 건축 계획을 세워 시청·구청 등 행정기관에서 승인받는 과정을 모두 스스로 처리한다. 조합원을 먼저 모집하고 이들의 투자금(분담금)으로 사업을 진행하는 특성상 조합원이 조합비리, 사업 지연 위험에 그대로 노출된다. 최악의 경우 돈만 날릴 수도 있다.

지역주택조합은 조합원이 건설 예정 아파트 가구수의 50% 이상 모이고, 아파트 건설이 예정된 부지 80% 이상의 토지를 확보해야 설립 인가를 받을 수 있다. 이후 조합원을 추가로 모집하고 토지 95%

이상을 확보해야 사업계획 승인을 받아 공사를 시작할 수 있다. 한 마디로 사업 자체가 어렵다는 것이다. 때문에 웬만하면 지역주택조합아파트는 피하는 것이 좋다.

환금성이
좋지 않은 아파트

교통, 규모, 브랜드 등
어느 하나 장점이 안보인다

2017년 서울 주택시장이 큰 호황을 누렸다. 거래량도 크게 증가했고
주택 매매값도 크게 상승했다. 문재인 정부가 서울 집값을 잡고, 투
자 수요를 잡기 위해 정부 출범 이후 6번의 규제책을 내놓을 정도로
서울 주택시장은 호황을 누렸다.

이런 가운데 금천구 시흥동 스카이 아파트는 2017년 한해 동안 1건,
중랑구 신내동의 월드아파트는 단 2건만이 거래되었다. 이들 아파
트의 공통점은 지하철역과 거리가 도보로 20분 이상 걸리며 단지 규
모도 20가구 미만이고 단지 브랜드 인지도도 떨어진다.

부동산 가치는 수요가 결정한다

집을 고를 때 우선적으로 따지는 요소들이 있다. 결혼을 앞둔 신혼 부부들은 직장과의 거리, 지하철역과의 거리를 따지는 사람들이 많고, 자녀를 둔 가정이라면 좋은 학교를 배정받기 위해 집을 고르는 경우도 많을 것이다. 그리고 선호하는 아파트 브랜드도 취향에 따라 다를 것이고, 단지 내 조경이나 주변 녹지 등을 따지는 사람들도 있을 것이다.

지하철역과 가까워 역세권 아파트이고 단지 주변에 명문학군이 형성되어 있으며 대단지에 1군 브랜드 아파트고, 인근에 대규모 공원도 위치해 있는 아파트라면 한마디로 '돈 되는 아파트'다. 하지만 이런 아파트는 비싸기 마련이다. 비싸긴 해도 앞으로 더 오르고 주변 아파트가격을 선도하는 역할을 할 것이다.

미래가치도 알지만 자본금이 되지 않아 대출을 받아도 들어가지 못한다면, 단 한가지 큰 메리트가 있는 아파트를 선택하면 된다. 어느 하나의 큰 메리트를 가진 주택이라면 그 때문에 찾는 고정수요가 있다.

하지만 장점을 찾아보려고 눈씻고 찾아봐도 장점 하나 없다면 과감히 포기해야 한다. 부동산의 가치는 수요가 결정한다. 그 부동산을 찾는 수요가 많아야 거래가 많고 거래가 활발해야 시세가 반영이 된다. 그런데 아파트의 장점이 없어 찾는 수요가 없으니 당연히 거래도 없고 시세가 반영되지 않아 10년 전 가격이나 지금 가격이나 큰 차이가 없을 수밖에 없다.

예로 중랑구 신내동 월드아파트 전용 97m²는 서울 주택시장이 호황이었던 2017년에 3억 1천만 원에 단 한 건 거래되었다. 이 아파트는 10년 동안 7천만 원 올라서 2007년에 2억 4천만 원에 거래되었다. 금천구 시흥동 스카이아파트 전용 83m²도 같은 기간 동안 2억 1천만 원에서 2억 8,500만 원으로 7,500만 원 올랐다.

한편 같은 기간 동안 중랑구 신내동 중앙하이츠 전용 84m²는 2억 2천만 원으로 월드아파트와 비슷한 수준이었다. 하지만 월드아파트가 7천만 원 오를 동안 2017년에 중앙하이츠는 1억 5천만 원 이상 오른 3억 7,500만 원 선에 거래된 바 있다.

아파트든 빌라든 주택에 투자할 때에는 수요 유입을 이끌 어느 하나의 장점이 없다면 투자를 과감히 포기할 것을 권한다.

찾는 수요는 적은데
투자금액의 부담은 큰 '대형'

본인의 자금 능력을 떠나 생각한다면 소형보다는 큰 주택형에 살고 싶은 것은 당연한 일이다. 좀더 넓은 집에서 편하게 살고 싶은 것이 인간의 욕망이기 때문이다. 과거에는 집값 상승률도 소형보다는 대형이 컸다. 투자금액이 많은 만큼 오를 때도 소형보다 배로 올라줬다. 하지만 앞으로 아파트 대형시대는 끝났다.

인구도 줄고, 가족구성원도 준다
첫 번째, 현재 대형 평형 수요자의 희망 주택 유형이 달라지고 있다.

대형 주택형을 살 수 있는 자금 여력이 있는 사람들이 이제 아파트가 아닌 전원이 딸린 고급 주택으로 옮겨가고 있다.

소득 수준이 높아지면서 건강 등 웰빙에 대한 관심이 급속도로 높아지고 있고, 주5일 근무제 실시 등으로 집에 있는 시간이 늘어나면서 자연과 더불어 사는 곳을 찾고 있기 때문이다. 최근 잇따라 서울 부근 수도권지역에 고급 전원 주택 공급이 늘고 있는 것이 이를 뒷받침한다. 대표적인 곳이 판교 주변이다.

두 번째, 핵가족화의 가속화 문제다. 한국국토정보공사(LX)의 '대한민국 2050 미래 항해' 보고서에 따르면 2050년 우리나라 가구의 35%는 1인 가구로 예측했다. 인구는 2030년에 정점을 찍고 이후 줄어드는 데 비해 1~2인 가구가 늘어나는 가구분화가 심화되기 때문이다.

우리나라 인구는 2015년 5,084만 명에서 2030년 5,221만 명까지 오른 이후 감소하기 시작해 2050년에 4,763만 명으로 줄어들 것으로 전망된다. 총 가구수는 핵가족화로 2015년 1,918만 가구에서 2030년 2,234만 가구로 늘어났다가 2050년 2,209만 가구로 소폭 줄어든다. 반면 1인 가구는 2015년 517만 가구(27%)에서 2030년 724만 가구로 증가하고 2050년에는 763만 가구(35%)까지 오를 것으로 전망되었다. 4인 가구의 비율은 2015년 19%에서 2050년 13%까지 감소한다. 1인 가구 증가는 노인 가구와 미혼 가구의 증가 때문이다.

세 번째, 부동산시장이 투자자 중심에서 실수요자 중심으로 재편되었다. 과거 1980~2000년 초까지는 수도권 중심으로 대대적으로 개발이 이뤄졌다. 여기저기서 개발이 이뤄지고 1년마다 빌딩들이 쑥

규모별 아파트 매매 평균가격(단위 : 만 원)

※ 2018년 1월 기준

구분	대형	중대형	중형	중소형	소형
2016.1	136,885	74,881	50,206	35,304	23,853
2017.12	156,816	87,990	61,019	43,937	30,479
상승률	15%	18%	22%	24%	28%

자료: KB부동산시세

쑥 올라갔다. 한마디로 상전벽해가 이뤄졌던 때다. 부동산의 가치는 기대감에 따라 움직이고 그 기대감은 대규모 개발이 가장 크다. 때문에 대규모 개발이 이뤄지는 시기에는 하루 아침에도 몇천만 원 또는 '억' 소리가 날 정도로 올라줬기 때문에 투자자들이 성행할 수밖에 없었다.

하지만 이제는 개발 부지 고갈시대에 접어들었고 앞으로는 개발이 아닌 관리의 시대가 올 것이다. 때문에 상대적으로 관리부담이 큰 대형 아파트는 메리트가 떨어질 것이다. 그나마 캥거루족, 중형에서 갈아타는 수요 등으로 90~110㎡ 정도는 괜찮지만 그 이상의 초대형은 멀리 하는 것이 돈을 버는 것이다.

주택형별 가격 상승률을 볼 때 주택형이 클수록 가격 상승률도 낮은 것을 알 수 있다. KB부동산시세 자료의 규모별 아파트 매매 평균가격을 살펴보면 소형(전용 40㎡ 미만)은 2016년 1월 2억 3,853만 원에서 2017년 12월 3억 479만 원으로 28% 올랐다. 반면 대형(전용 135㎡ 이상)은 13억 6,885만 원에서 15억 6,816만 원으로 15% 오른데 그쳤다.

지하철역이 없는
수도권

2017년 12월 1순위 청약 접수에서 동탄역 롯데캐슬은 평균 77.54 대 1의 높은 청약 경쟁률을 기록했다. 동탄역 파라곤도 19.7 대 1로 두 자릿수 청약 경쟁률을 달성했다. 하지만 동탄 동원로얄듀크포레는 195가구 모집에 기타 지역 접수까지 포함했지만 85가구가 미달되었다. 다행히 2순위 접수에서 마감에 성공했다. 한 달 앞서 11월에 분양한 대방디엠시티는 2순위도 미달되어 잔여 가구 분양에 나섰다. 같은 달 분양한 동탄 레이크 자연앤푸르지오는 6.17 대 1로 1순위에서 마감되었다.

동탄2신도시 시범단지는 입주물량이 몰리고 있지만 인기 단지인 동탄역 더샵센트럴시티 전용면적 84m²의 경우 현재 시세는 6억 5천만 원 이상이다. 동탄우남퍼스트빌 전용면적 84m²도 6억 4천만 원은 줘야 중층 이상 살 수 있다. 몇 달 새 3천만 원 이상 가격이 올랐지만 지금 매물도 거의 없다. 반면 남동탄의 외진 곳이나 중동탄 일부지역은 동일 면적대 아파트를 3억 원 초반대 가격이면 살 수 있다. 시범단지의 거의 절반 가격이다.

오는 4월 중동탄에서 입주를 시작하는 금강펜테리움4차의 경우 분양가격이 3억 4천만 원 수준이다. 물론 화성상록CC가 보이는 조망이 좋은 아파트는 아직 프리미엄이 2천만 원 수준 붙어 있지만 3억 5천만 원이면 웬만한 좋은 층과 향을 고를 수 있다.

지하철은 단순 이동수단만이 아니다

동탄2신도시는 SRT동탄역과의 접근성에 따라 희비가 갈렸다. 동탄역 롯데캐슬은 SRT동탄역이 연결되는 동탄2신도시 내에서도 가장 좋은 입지로 꼽힌다. 분양가 상한제 적용으로 시세보다 1억 원 안팎이 저렴해 '로또 청약'으로 여겨졌다.

지하철역은 곧 시간이며, 시간은 곧 돈으로 통한다. 1일 24시간 중 1분, 1시간을 어떻게 사용하느냐는 사람에 따라 달라질 수 있지만, 상황에 따라서도 달라질 수 있다.

강남의 집값이 비싼 이유 중 하나가 바로 사통팔달의 교통여건 때문이다. 가령 인구수가 거의 엇비슷한 강남구(인구 56만 5천여 명)는 노원구(56만 2천여 명)에 비해 지하철역이 2배 이상 많다. 교통 요충지이자 상권이 발달하는 환승역도 4곳 대 6곳으로 강남구가 많다. 현재 공사중인 신분당선 연장선이 3호선 신사역까지 이어지면 환승역 3곳(신논현·논현·신사)이 더 늘어날 예정이다. 즉 강남의 어느 아파트에서든 비역세권 아파트가 없다는 것이다. 같은 브랜드에 같은 평수에 사는 사람이라도 A라는 사람은 집에서 5분만 걸어 지하철역에 도달해서 회사에 출근하고, B라는 사람은 집에서 마을버스를 타고 가서 지하철역으로 환승해야 한다면 두 사람의 아침 시작 만족도는 다를 것이다.

편의시설도 다르다. 지하철역은 단순히 이동수단으로만 끝나는 것이 아니다. 지하철역을 이용하는 수요가 많아지면 지하철역을 중심으로 쇼핑시설과 학원, 병원 등 각종 편의시설이 들어서게 된다. 생활 편의시설이 들어서니 삶의 만족도도 달라지게 된다. 수요가 늘고, 편의시설이 들어서면서 주거지 개발이 활발해지면서 향후 미래 가치도 반영된다.

반면에 지하철역이 없거나 도보로 이용하기 힘든 거리에 있다면, 불편함 때문에 수요 유입이 적을 수밖에 없고 가격이 아무리 저렴해도 환금성이 좋을 수 없다.

지하철역 거리에 따라 집값 차이도 많이 난다. KB부동산시세에 따르면 신분당선 판교역과 걸어서 5분 거리인 봇들8단지 휴먼시아 전용 84m² 현재 시세는 9억 원 선이다. 그러나 판교역에서 걸어서 20분 거리에 있는 봇들4단지휴먼시아 전용 84m²는 매매값이 7억 원 선으로 시세가 8단지보다 2억 원 정도 낮다.

강서구 마곡동에서 가장 비싼 아파트는 지하철 9호선 신방화역이 도보 4분 거리에 있는 마곡힐스테이트로 평균 아파트 매매값이 3.3m²당 2,433만 원이다. 반면 같은 동네에서 가장 싼 아파트는 비역세권인 벽산아파트로 3.3m²당 1,517만 원으로 무려 916만 원이나 차이가 난다.

집 구조가
나쁜 집은 피하라

주택시장에는 여심을 흔들어야 성공한다는 말이 있는 만큼 주택구매 결정권에 있어 여성의 영향력이 절대적으로 통한다. 이는 일반적으로 내 집 마련 시 여성이 남성보다 세심한 시각에서 접근하기 때문으로 풀이된다.

자녀를 위한 교육시설부터 교통, 생활 편의시설 등 입지여건은 물론 내부 설계를 보는 시각도 상대적으로 꼼꼼하다. 여성 수요자들은 신규 분양 아파트 견본주택을 방문하면 기본 공간구성뿐만 아니라 세부적인 수납공간과 마감재까지 꼼꼼히 비교하고 질문하는 경우가 남성보다 많다. 이는 여성이 남성에 비해 상대적으로 집에 머무는 시간도 길고 실제 생활에서 직접적인 집안 살림을 꾸리기 때문이기도 하다.

이에 따라 최근 건설사들은 여심을 사로잡기 위한 설계를 적용한 아파트 공급 경쟁에 한창이다. 여성의 손길이 많이 가는 주방공간 곳곳에 특화 설계를 적용해 편의성을 높이거나 드레스룸, 대형저장 공강(펜트리) 등 넉넉한 수납공간을 제공해 깔끔한 실내환경을 유지하는 것이 대표적이다.

집을 보러 들어섰을 때 남성들은 별로 느끼지 못하지만 여성들은 집 구조 형태의 나쁨을 파악한다.

동선이 나쁜 집

동선은 사람의 이동을 선으로 나타낸 것을 말하고, 사람이나 물체의 통행을 예상하는 것을 동선 계획이라고 한다. 효율적이고 편리한 공간이 되기 위해서는 동선이 아주 중요한 역할을 하게 된다. 한 가족이 살 집의 경우에는 각자의 프라이버시도 지켜주면서 공용공간의 중심적인 역할도 잘 설계되어 있어야 한다.

무엇보다도 거실과 주방의 동선이 중요하다. 집에서 가장 오랜 시간을 보내는 주부가 많이 이용하는 곳이 거실과 주방이기 때문에 주부는 대체적으로 거실과 주방을 자세히 보게 된다. 그리고 가장 꼼꼼히 체크하는 위치도 주방이다.

일반적으로 식사는 계획, 준비, 조리, 음식 차림, 개수 등의 단계를 거친다. 따라서 동선 역시 준비 영역, 세척 영역, 조리 영역으로 구분하고, 이 영역들이 이루는 세 지점을 합쳐 '작업 삼각형'이라고 부른다. 때문에 조리 작업이 원활히 되기 위해서는 주방의 배치는 '냉장고 → 싱크대 → 레인지 → 쿡탑' 배치가 가장 기본적이다.

이같은 기본적인 배치가 안 된 잘못된 주방동선은 조리 시간, 음식의 품질, 식자재 관리 등에 안 좋은 영향을 준다. 예로 가장 빈번한 동선은 싱크대와 레인지 사이에서 이루어진다. 냉장고와 싱크대 사이의 거리가 너무 멀게 되면 재료를 꺼내는데 너무 많은 시간을 허비하게 된다. 삼각동선의 거리는 시간절약을 위해 1.2m~1.8m 정도로 짧아야 한다.

요즘에는 주방과 거실이 일자형으로 되어 있다. 주방에서 거실에 있는 가족 얼굴을 보면서 요리를 할 수 있는 구조이다. 하지만 주방이 아예 따로 벽으로 막혀 있어 거실과 단절되어 있는 나쁜 구조들이 가끔 있다.

주방과 거실 중심에 화장실이 가로막는 등 거실과 주방을 단절시키는 집의 구조는 상대적으로 집값의 오름세가 더디다. 같은 금액이라면 이런 구조는 수요자들의 만족도가 높지 않기 때문이다.

어둡고 그늘진 집

전북 진안에 사는 김 씨(65) 부부는 6년 전 서울을 떠나 산자락에 둥지를 틀었다. 부부는 귀농귀촌의 부푼 꿈을 안고 연면적 180㎡에 달하는 집을 지었다. 김 씨 부부 귀농의 꿈은 집으로 인해 1년도 채 가지 못했다. 봄, 여름, 가을이 지나고 겨울이 되자 햇볕도 들지 않아 그늘지고 너무 추워서 난방비가 감당이 되지 않았다. 북향이라 팔리지도 않고 애물단지로 전락해버렸다.

특히 북향인데다가 주변에 높은 건물이 많고, 건물 간의 거리가 좁다면 1년 내내 집에서 햇볕을 구경하기 힘들 수 있다. 이런 집들은 지하가 아니어도 곰팡이가 많이 생기고, 결로 등의 문제가 빈번하게 생길 수 있다.

북향이라도 모두 나쁜 집만은 아니다. 신축 주택이고 냉난방 시설이 우수한데다가 조망이 좋다면 북향이라도 좋은 집이 될 수 있다. 특히 북향의 집은 일조량이 적어 상대적으로 춥기 때문에 더위를 많이 타는 사람들에게는 오히려 적합할 수도 있다. 하지만 중요한 것은 나중에 팔 때 환금성이 떨어지기 때문에 선호도가 높은 남향보다는 낮은 가격이 책정될 가능성이 높다.

신이 아닌 이상 어느 누가 정확한 바닥을 알 수 있을까? 정확한 바닥은 전문가들도 알 수가 없다. 전문가는 평가를 하고 전망을 하는 것이지 콕 찍어 정답을 말할 수는 없다. 바닥이라 생각했는데 사고 보니 또다시 떨어지고, 바닥 시점에 매입한 후 바로 상승기를 타는 운 좋은 기회가 나에게 올 수도 있다. 가격이 한참 떨어지고 있을 때 "이 정도 떨어졌을 때 매입하면 괜찮겠다" 해서 매입을 했는데 그 이후에도 부동산가격이 떨어진다면 "조금 더 기다렸다가 살 것" 하고 후회가 된다. 사람들의 공통된 마음이다. 하지만 이런 두려움은 부동산 투자 성공에서 걸림돌이 될 수밖에 없다. 투자 가치가 있는 상품이라는 판단이 서면 어느 정도 떨어졌을 때 적극적으로 투자에 나서야 한다. 최적의 매수 타이밍과 매도 타이밍은 언제인지, 언제 사고팔면 그나마 후회가 적을지 알아보자.

3부

잘 사고 잘 파는 시기가
돈을 벌어다준다

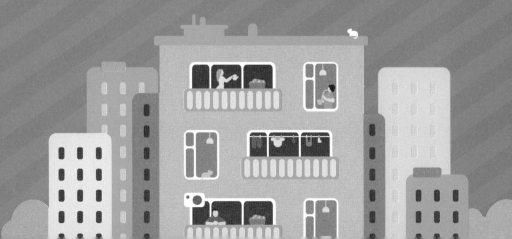

최적의
매수 타이밍을 찾아라

정책에 따른
매수 타이밍

2016년 11월 13일, 박근혜 정부는 주택 청약 자격을 대폭 강화한 11·3부동산대책을 발표했다. 전매제한기간을 강화하고 청약 1순위 자격제한, 재당첨제한 등 청약시장에 초점이 맞춰진 규제책이었다. 하지만 시장은 전반적으로 침체를 가져왔다. 매물이 쌓이고 거래는 없었다. 마음이 급해진 고객들이 급하게 상담을 요청해 왔다. 고객들의 고민은 대부분 비슷했다. 가격이 떨어지기 시작했는데 지금이라도 팔아야 하느냐는 것이었다.

　필자는 앞으로 다가오는 성수기 때도 가격이 떨어지면 그때 고민

해도 늦지 않다며 팔지 말 것을 권유했다. 상담받은 많은 고객 중 대부분이 팔지 않았으나 강남에 재건축 아파트를 가지고 있던 고객은 조급하고 두려움에 팔았다. 11·3부동산대책 발표 이후 2017년 3월부터 시장이 다시 활기를 찾기 시작했고, 고객이 판 아파트는 6개월 만에 2억 원이 올랐다.

정책 발표 이후 성수기를 겪어보고 결정하라

부동산 정책, 특히 규제책은 실제적인 영향보다 신문과 방송 등 매체 등에 의한 조금은 과장된 분석에 따라 단기간 영향을 받는 게 현실이다. 이로 인해 돈이 급하거나 인내력이 부족한 보통 사람들은 부동산 정책이 발표되면 급하게 매물을 내놓는다. 처음에 현시세에 내놓겠지만 한 달이 지나도 매물이 팔리지 않으면 급매물이라도 매물을 내놓게 된다.

부동산 수요 억제에 초점이 맞춰진 규제 정책은 대부분 오래 가지 못한다. 특히 그동안 규제 완화 정책이 나오던 시장에서 첫 수요 억제책이 나온 거라면 시장 안정 효과가 3개월 이상 가기 힘들다.

보통 매수자나 매도자들은 부동산 정책이 발표되면 조바심으로 매수·매도 타이밍을 급하게 잡는 경우가 많다. 하지만 타이밍은 규제 정책 발표 이후 3개월 이내에 결정하는 것은 아주 큰 실수다. 매수자 입장에 있어서는 3개월간 시장 동향에서도 매물 동향을 중심으로 주시할 필요가 있다.

규제 정책이 발표되고 3개월간 매물도 많이 나오지 않고 매수자도 많지 않다면 매수시기로 잡아도 된다. 하지만 3개월 이후에도 매수세가 살아나지 않고 매물이 쌓이기 시작한다면 매수 타이밍은 늦추는 것이 좋다. 만약 비수기에 이어 성수기(9~10월, 3~4월)에도 매물이 쌓이고 거래량이 줄어든다면 시장은 대세 하락까지 갈 수도 있기 때문에 이때는 더욱 주시하고 기다리는 것이 중요하다.

주택담보대출 규제 또는 콜금리 인상에 따른 대출 이자 상승은 보통 사람들에게 직접적인 타격을 가하기 때문에 수요가 위축될 수밖에 없다. 종합부동산세 등 보유세 부담도 마찬가지다. 하지만 이 규제책은 단기간에 큰 효과를 나타내기 보다는 점진적으로 효과를 드러낸다.

집값을 잡기 위해 나온 부동산 규제책이 부동산가격을 올리는 역효과를 주는 경우도 있다. 부동산 정책보다 대내적으로 더 큰 변수가 발생하거나 규제책보다 부동산 투자의 기대수익률이 더 클 경우에는 잇따른 규제책에도 가격이 크게 오를 수도 있다.

한 예로 문재인 정부가 강남 집값을 잡기 위해 많은 규제책을 내놓았음에도 불구하고 집값이 크게 올랐다. 강남 집값 상승의 근본적인 원인은 공급 부족인데 조합원 지위양도 금지 등으로 오히려 매물의 희소성을 높였기 때문이다. 또한 과거 신도시와 택지지구로 나갔던 수요자들이 강남 고급 인프라를 찾아 다시 들어오는 시점인데 공급은 2008년 금융위기 이후 사실상 중단된 것과 마찬가지였기 때문이다.

정책의 발표와 시행시기 또한 중요하다. 부동산 규제가 시행되기 전 단계에는 여전히 더 오를 수 있다는 기대감이 더 크게 작용하기 때문에 가격이 오를 수도 있다. 그런데다 단기적으로 너무 오른 집값에 대한 부담감이 커졌고, 앞으로 입주물량 증가도 맞물려 있다. 2015년과 2016년에 분양이 본격적으로 이뤄졌고, 2018년과 2019년에는 속속 입주를 하게 되면 집값 상승 탄력은 무너질 가능성이 크다.

내재가치에 따른
매수 타이밍

부동산 투자 수익률을 높이거나 향후 높은 시세차익을 얻기 위한 가장 정확한 전략은 내재가치가 뛰어난 부동산에 투자하는 것이다. 앞으로 가격이 상승할 것으로 예상되는 부동산을 구입하고 상승한 이후에 매각함으로써 투자수익을 획득하는 것이다. 개발이 진행되면서 가격 상승이 예상되는 대규모 개발 진행 또는 진행 예정인 부동산을 구입하면 된다.

한 예로 서울의 경우에는 개발 부지 고갈로 주택이 나올 수 있는 곳은 재개발, 재건축이다. 현재 재개발이나 재건축은 노후화되어 생활이 불편하지만 개발이 되면 쾌적한 주거공간으로 탈바꿈되므로 가격 상승이 이뤄질 수밖에 없다.

지하철 개통도 큰 호재가 될 수 있다. 현재는 지하철이 없어 지하철을 타려면 버스를 타고 환승해야 하는 불편함이 있지만, 앞으로 지하철이 개통될 예정이면 이런 불편함과 시간을 절약할 수 있어 주택수요가 유입되고 가격 역시 오른다.

기반시설이 좋아서 대기수요가 풍부해 시장이 좋아지면 가격 상승이 보장되어 있는 곳을 찾으면 된다. 대표적인 곳이 강남이다. 강남은 강남 8학군에다 업무시설, 사통팔달 교통 등 고급 인프라가 갖춰져 있어 시장이 좋아지면 가격이 오를 수 있다.

내재가치는 변함없는데 시장 가격이 떨어질 때

내재가치가 큰 부동산도 매수 타이밍에 따라 투자 수익률이 달라질 수 있다. 부동산의 내재가치는 변함이 없는데 시장 가격이 떨어질 때를 노려야 한다. 먼저 투자하려고 하는 부동산을 꼼꼼히 분석하고 찾아야 한다. 투자 대상 주변에 지하철 개통 등 대규모 개발호재가 있는지, 기반시설이 잘 되어 있는지, 수요가 풍부한지 등을 조사하고 자료를 수집하고 분석해야 한다.

투자 대상의 상품성이 확인되었다면 투자 타이밍을 잡아야 한다. 시장 가격이 떨어질 때가 투자 타이밍이다. 1년 중에서도 우리는 계절적인 비수기를 노려야 한다. 계절적 비수기는 7~8월과 12~1월이다. 봄과 가을 이사철이 지나고 매수세가 많이 꺾인 시기다. 연도별 아파트 매매값 상승률에서도 이 시기에 상승폭이 가장 줄어든다.

한국감정원 월별 5년 평균 아파트 매매값 상승률을 보면 10월이 0.24%로 가장 높고, 11월 0.19%, 4월 0.18% 순으로 높고 가장 낮은 시기는 8월 0%, 7월 0.01%, 2월 0.08% 등의 순으로 나타났다.

정부의 규제정책이나 대내외적인 변수도 시장 가격이 떨어지는 원인이 된다. 2017년 말부터 2018년 2월까지 서울시에서도 특히 강남 집값이 급등했다. 공급부족이 가장 큰 원인이었지만, 재건축 조합원 지위양도 금지, 분양권 양도세율 50% 중과 등으로 매물 희소

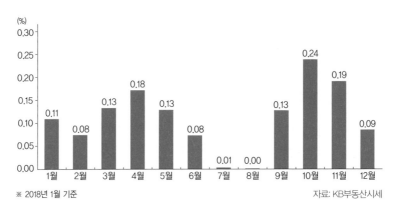

5년 평균 아파트 매매값 상승률

(%)

※ 2018년 1월 기준   자료: KB부동산시세

가치가 높아지면서 상승세가 더 커졌다.

　문재인 정부가 출범한 지 9개월 동안 부동산 정책이 7번이나 나오는 등 집값을 잡겠다는 정부의 의지가 강했고, 3월에는 재건축 안전진단 기준 정상화(사실상 강화)를 내놓으면서 안전진단을 앞둔 재건축 단지들이 목동을 중심으로 가격이 크게 떨어졌다.

　대내외적인 변수로는 1998년 IMF(국제통화기금)와 2008년 금융위기를 들 수 있다. IMF 시기에 전국 아파트가격은 무려 13% 이상 하락했다. 금융위기 역시 2006년 13% 이상 올랐던 집값이 금융위기를 맞은 2008년에는 2%로 상승폭이 떨어졌다.

내재가치가 일시적으로 하락할 때

투자 대상의 내재가치가 일시적으로 떨어질 때도 매수 타이밍이 될 수 있다. 내재가치가 변함이 없는 부동산도 있지만 내재가치가 변하

연도별 아파트 매매값 상승률

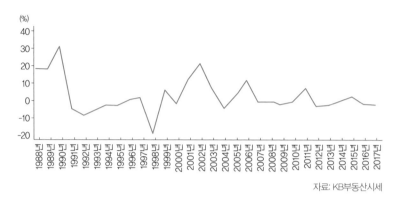

자료: KB부동산시세

는 것들도 있다. 예를 들어 재건축, 재개발은 사업 속도에 따라 부동산 투자 가치가 달라진다. 내재가치와 직결되는 사업속도를 알기 위해서는 조합장이 어떤 사람이고, 어떤 방식으로 조합을 운영하고 사업을 추진하는가에 대해 조사해야 한다.

근데 정부의 재건축 규제로 인해 일시적으로 사업속도가 떨어지는 경우가 있다. 안전진단 강화나 재건축 초과이익환수 등에 따라 사업성이 오르내리면서 재건축 아파트의 시장가격은 등락을 반복한다.

사업속도 악재로 시장가격이 떨어지지만 내재가치에는 변화가 없다면 침체기에 매입하는 기회를 놓치지 말아야 한다. 또 조합원 소송, 임대주택 건립 등으로 리스크가 발생하면서 내재가치가 일시적으로 떨어지는 경우에도 이때 매입해야 한다.

은마아파트는 2010년 3월 우여곡절 끝에 안전진단 문턱을 넘었지만 그 뒤 조합 갈등이 불거지면서 사업이 표류해왔다. 주택시장 침체도 아파트가격 하락으로 인해 2013년 초 전용 76m² 7억 원, 전용 84m² 8억 원 등 심리적 마지노선이 속속 무너지기도 했다. 하지만 2018년 3월 전용 76m²는 15억 4천만 원을 호가하고 있다.

과거 잠실주공5단지 역시 총 가구 20% 수준의 공공임대, 소형주택 도입 등 박원순식 재건축 계획안을 추진하는 과정에서 추진위원회와 조합원 간 심한 갈등을 겪었다. 이로 인해 전용 76m²는 2012년 말 8억 9천만 원까지 떨어졌지만 2018년 3월 18억 4천만 원에 시세가 형성되어 있다.

사이클을 알면
상투 타이밍도 보인다

부동산이 계속 상승하기만 하면 좋겠지만 아쉽게도 떨어지기도 오르기도 멈추기도 한다. 장기적으로는 물가상승률 정도 또는 그 이상 상승하지만 그 과정을 조금 더 면밀히 살펴보면 상승 후 조정기를 거쳐 하락하기도 하고, 시간이 지나면 상승하는 반복적인 등락의 흐름을 보인다는 것을 알 수 있다. 우리는 그 흐름 속에서 최적의 매수 타이밍을 잡을 수 있다.

부동산 경기변동의 순환국면은 '불황기 → 회복기 → 호황기 → 후퇴기 → 불황기'로 일정한 흐름으로 등락을 거듭한다. 대체로 4~5년 상승하면 다시 4~5년 하향 안정되는 사이클이 주기적으로

부동산 경기변동의 순환국면

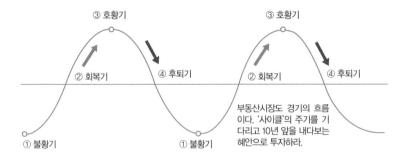

나타난다. 일반 개미투자자들은 현재 가치만 보지만 고수들은 순환국면에 따라 10년 후의 가치를 내다보고 투자에 나선다.

각 단계별마다 어떤 징후가 나타나는데 이 징후만 면밀히 살펴봐도 투자 타이밍이 보인다. 우선 불황기에는 거래량이 줄고 가격이 하락한다. 금리인상으로 보유 비용이 증가하고 매수자 중심 시장이 확대된다. 경매물건이 많이 나오면서 경매시장이 활발해진다. 시장 불확실성으로 건설사들이 토지 분양을 적게 받고, 신규 분양 시기도 조절에 나서면서 분양물량이 감소한다. 전세 가격이 상승세를 보인다.

회복기에는 은행금리가 하락하고, 거래량이 점차 증가하며 가격도 점차 상승한다. 지역별·상품별로 시차적으로 회복되고 매도자 중심의 시장이 형성되기 시작한다. 건축허가 신청양이 증가하고 분양승인 현장도 증가한다.

호황기에는 주택 거래가 활발하면서 거래량이 증가한다. 더 오를 것이란 기대감으로 매도자들이 매물을 거둬들이면서 부동산 매물량은 감소한다. 여전히 매도자 중심 시장이 형성되어 있고, 건축허가

부동산 순환국면의 특징

불황기	회복기	호황기	후퇴기
• 거래량 줄고 가격 하락 • 금리인상으로 보유 비용 증가 • 매수자 중심시장 확대 • 경매물건 증가 • 신규 분양물량 감소 • 전셋값 상승 • 불황에 약한 부동산 타격	• 은행금리 하락 • 거래량 점차 증가 & 가격 점차 상승 • 지역별, 상품별 시차적 회복 • 매도자 중심 시장 형성 • 건축허가 신청량 증가 • 분양승인 현장 증가	• 부동산 거래활발 • 부동산 매몰량 감소 • 매도자 중심 시장 형성 • 부동산가격 상승 • 건축허가 신청량 증가 • 신규 분양물량 증가	• 부동산 과열 양상 • 거래량 없이 호가 상승 • 과열 막기 위한 정책 발표 • 거래량 감소 • 매몰량 증가 • 매수자 우위 시장

신청량과 신규 분양 물량이 증가한다.

후퇴기는 호가가 크게 뛴 매물들이 많아져 가격이 크게 오르는 등 부동산 과열 양상을 보인다. 그리고 정부가 부동산 과열을 막기 위한 정책들을 발표하기 시작한다. 신규 분양 물량은 서서히 줄어들지만 2~3년 전 나온 분양 물량으로 입주물량은 더 늘어난다. 그동안 상승에 대한 피로감과 늘어나는 입주물량에 대한 부담으로 거래량은 점점 줄어든다. 매수자와 매도자 간의 팽팽한 줄달리기 싸움이 펼쳐지지만 매수자가 우위에 놓인다.

부동산 상품에
따른 투자 타이밍

점 찍은 사람을 연애로 혹은 결혼까지 골인하기 위해서는 그 사람이 어떤 것을 좋아하고 어떤 것을 싫어하는지 잘 알아야만 성공할 수 있다. 부동산 투자 역시 그렇다. 투자 대상에 대해 정확히 파악하고 면밀히 분석해서 내 것이 되어야만 성공할 수 있다. 주택도 주택별로 적절한 투자 타이밍이 있다.

재건축, 급매물, 분양권 등 상품에 따라 매수 타이밍

재건축 아파트는 조정은 있어도 하락은 없다. 특히 강남권 재건축 아파트는 일시적으로 하락세를 보이더라도 그 폭은 적고 오를 때에는 화산 폭발처럼 어마어마하게 폭발하는 수준이다. 따라서 강남권 재건축 아파트는 매수 시기와 매도 시기만 잘 맞추면 투자 실패 확률이 가장 적은 상품이기도 하다.

재건축 아파트의 경우 대지지분이 클수록 땅값이 저평가되어 있다는 것이기 때문에 대지지분이 크고, 단지 규모가 크고, 학군을 비롯해 교통 등 기반시설이 잘 갖춰진 재건축 아파트라면, 정부의 부동산 규제 혹은 조합원의 이해관계 등으로 일시적으로 가격이 하락할 때 타이밍을 잡아야 한다.

아파트 입주 연도에 따라 투자 타이밍을 노리는 전략도 있다. 택지지구나 신도시, 그리고 뉴타운 등에 청약을 넣는다면 초기 분양단지가 좋은 타이밍이 될 수 있다. 대규모 사업지 내 첫 분양단지들은

1군 브랜드이거나 입지가 뛰어난 단지들이 많다. 기준점이 없는 만큼 브랜드나 입지 등에서 용기 있는 단지가 먼저 나서는 경우가 많기 때문이다.

개발 초기 분양단지들은 분양가도 저렴한 편이다. 첫 분양단지의 분양가가 이후 분양단지의 가격 기준이 되는 가운데, 지역 인지도 상승에 따라 후속 단지의 분양가는 더욱 높아지기 때문이다. 특히 향후 기반시설 및 편의시설이 확충되면 주거여건이 크게 개선됨에 따라 지역 내 전반적인 가격도 상승하는 만큼 초기 분양단지는 저렴했던 분양가만큼 높은 시세차익도 얻을 수 있다.

분양권의 경우에는 잔금을 치르는 시기를 매수 타이밍으로 노려볼 필요가 있다. 통상 입주 지정기간은 입주 후 통상 60일이다. 입주를 하지 않는 분양권 소유자는 이때 매도를 하거나 전세를 들여야 한다. 대부분 입주일 전부터 매물을 내놓거나 전세세입자를 찾는다. 하지만 단지 규모가 크거나 시장이 좋지 못해서 입주 지정기간이 막바지에 왔는데도 거래가 안 되는 경우가 있다. 이때는 시세보다 더 싼 매물이 나오는 경우가 많다.

중고 아파트의 경우에는 입주 10년 이내에 아파트가 10년 이상된 아파트보다 가격 상승률이 높다. 서울의 경우에는 평면 등 급속한 트렌드 변화와 개발 부지 고갈 등으로 새 아파트의 가치가 높다.

미분양 선착순 분양공고가 활발한 시점을 노려보자. 2008년 금융위기 이후 2009년, 2010년에는 미분양 적체현상이 심각해지면서 분양가 대비 50% 할인하는 단지들이 속속 등장했다. 미분양 적체현상이 심각해지면서 자금유동에 어려움을 겪은 LIG건설과 진흥기업, 월

드건설, 동일토건 등 중견 건설업체들의 잇단 부도 도미노로 이어지기도 했다.

침체기에 접어드는 시점에는 아파트 광고 중 미분양 세대 선착순 분양 공고, 중도금 무이자로 잔금 시 납부 등의 조건부 분양 공고들이 자주 눈에 띈다. 이런 문구가 눈에 들어오기 시작한다는 것은 불황기에 접어들고 있거나 불황기에 왔다는 것을 암시한다. 이럴 때에는 급하게 서두를 필요없이 입지와 단지 규모, 가격 등을 잘 따져 느긋하게 고르면 된다.

선행지표에 따른
매수 타이밍

모든 경제가 그러하듯 부동산 경기 역시 호황과 불황을 반복해 미래를 예측하기 쉽지 않다. 아무리 세월이 흘러도 주택시장에서 변하지 않는 원칙들이 있다. 조사기관이나 전문가들도 주택시장을 예측할 때 이러한 원칙들을 이용해 진단하고 예측하기도 한다.

부동산지표는 시점으로 3가지로 구분할 수 있다. 먼저 현재 경기의 수준을 나타내는 동행지표, 경제상황 변화에 일정 시간 앞서서 미래 경기 변동을 예측하는 선행지표, 그리고 경제상황 변화보다 늦게 변해 경제상황을 재확인하는 후행지표가 있다. 우리는 선행지표를 활용해 주택시장을 예측해보는 훈련이 필요하다.

경매, 주택인허가, 거래량에 따른 시장 예측

경매 낙찰가율은 주택시세의 선행지표로 꼽힌다. 다른 주택 지표보다 먼저 발표되는 이유도 있지만 요즘 같은 거래절벽하에서 실거래가를 알기 어려울 때 경매 낙찰가율이 수요자들의 미래 전망을 가장 분명하게 보여주는 역할을 하기 때문이다.

2017년 7월까지만 해도 99%가 넘으며 승승장구하던 서울 아파트 경매 낙찰가율은 8·2부동산대책을 얻어맞은 직후 91.51%로 곤두박질쳤다. 이는 2016년 3월(91.19%) 이후 가장 낮은 수준이었다. 적어도 8·2부동산대책 직후에는 주택시장의 투자심리가 크게 위축되었음을 알 수 있는 대목이다. 하지만 9월에는 낙찰가율이 다시 99.16%로 올라섰고 10월에 결국 9년 만에 최고 기록을 갈아치우면서 투자심리가 시장규제 압박에서 벗어나는 모습을 보였다.

서울에서도 특히 강남 4구(강남·서초·송파·강동)의 경매시장이 주목되고 있다. 10월 낙찰률(입찰에 부쳐진 물건 중 낙찰된 물건 수의 비율)이 2017년 중 최고 수준으로 뛰었다. 기존 아파트 시장은 뜨거운 경매시장의 열기를 받아 8·2부동산대책 이후 꺾였던 상승세와 거래량은 11월부터 다시 회복하면서 2018년 1월과 2월에는 계절적인 비수기임에도 불구하고 역대 최대 거래량을 기록했다.

주택 인허가 실적도 주택시장의 대표적인 선행지표로 꼽힌다. 주택 인허가를 받고 분양을 지나고 입주 때까지 통상 3년이란 시간이 걸린다. 즉 주택 인허가가 크게 증가하면 3년 후 입주대란이 이뤄지고 집값이 하락할 가능성이 크다.

예를 들어 2008년 글로벌 금융위기를 겪은 뒤 국내 주택시장이 하락세로 돌아서 장기침체가 7년간 계속되었다. 장기침체가 이어지면서 건설사들의 아파트 인허가도 줄었다. 2013년 수도권 아파트 인허가 실적은 11만 40천 가구로 2012년(16만 3천 가구)에 비해 30.4% 정도 줄어들었다. 2009년 21만 6천 가구, 2010년 19만 7천 가구, 2011년 17만 6천 가구로 감소세가 갈수록 두드러졌다. 2013년 인허가 실적이 4년 전인 2009년의 절반 수준이다. 2017년과 2018년 초기 강남을 중심으로 서울 집값이 급등한 이유도 2013년부터 줄어든 주택인허가가 한 요인이다.

　거래 건수는 집값의 선행지표이다. 부동산 경기의 현재가 어떤지 확인할 수 있는 지표가 바로 주택 거래량이다. 거래량이 가격에 신행하므로 매매시점을 판단하는데 중요한 지표가 된다. 경제호전으로 매입수요가 늘면 거래량이 증가하면서 집값이 점차 상승한다. 반대로 경제가 불투명하면 수요가 줄어 매매는 사라지고 집값은 점차 하락하게 된다. 신고는 거래 후 60일 이내로 실거래 등록하면 된다. 늦게 하는 사람도 있지만 일찍 하는 사람도 있으니 평균 1달 정도 보면 된다.

　2018년 1분기 서울 아파트 매매거래량은 작년부터 이어진 훈풍이 계속 이어졌다. 4월 서울 아파트 매매거래량은 7,735건에서 5월 1만 194건, 6월 1만 4,306건으로 대폭 상승했다. 7월과 계절적인 비수기임에도 불구하고 1만 4,464건이 거래되었다. 그리고 8월에도 정부의 고강도 대책인 8·2부동산대책이 발표되었음에도 불구하고 1만 4,681건이 거래되었다. 이는 사실상 6월과 7월에 거래된 실적이라고 봐야 한다. 9월부터 거래량은 눈에 띄게 줄어든다. 9월 8,233건,

거래량과 매매값 상승률 관계

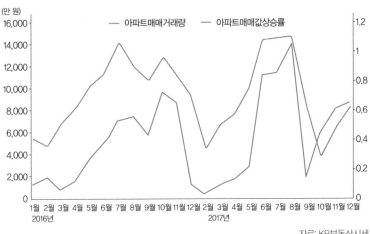

10월 3,780건이 거래되었다. 아파트 매매값 상승률은 6월 0.22%에서 7월 0.85%, 8월 0.86%, 그리고 9월에는 1.05%까지 올랐다가 10월부터 0.15%로 떨어졌다. 아파트 매매값 상승률이 거래량보다 늦게 움직임을 알 수 있다.

우리는 상투를 잘 살펴야 한다. 거래량 상투는 곧 가격의 상투를 의미하기도 하는데, 이것이 상승중간과정인지 진짜 고점인지 쉽게 알 수는 없다. 하지만 상승과정이라면 거래량과 가격이 동반 상승해야 한다. 거래량이 감소세로 이미 턴을 했는데 가격만 오르는 것은 상투일 가능성이 크다. 그래서 우리는 거래량을 선행지표라고 하고 투자를 할 때 거래량을 주시할 필요가 있다.

비싼 아파트 거래가 늘면 매수 타이밍

보다 정확한 바닥 시점을 찾기 위한 하나의 팁을 제시한다면 국토해양부의 실거래가를 잘 찾아보는 것도 하나의 방법이다. 실거래가에서 고급 아파트인 반포동 아크로리버파크와 같은 초고가 아파트 거래가 늘어난다면 그 시기를 바닥 시점으로 생각하면 된다. 부동산시장의 불황 속에서 초고가 아파트 거래가 늘었다는 것은 목돈이 있는 사람들이 투자에 나서기 시작했다는 것을 의미하기 때문이다.

일반적으로 부동산 투자가 어려울 때는 부동산 고수를 따라가는 것도 하나의 방법이다. 그들은 지금까지의 부동산 투자 노하우가 있어서 대체적으로 성공하는 경우가 많다.

어쩌면 그들은 목돈이 있기 때문에 어느 정도 가격이 떨어졌다고 판단되면 과감하게 투자를 하는 경우가 많다. 혹시나 투자를 하고 나서도 떨어질 수도 있겠지만 여유가 있기 때문에 큰 두려움이 없다. 떨어져도 언젠가는 오를 것이란 확신이 있기 때문이다.

실제로 2008년 한해는 글로벌 금융위기로 부동산이 전반적으로 하락세를 보였고, 특히 강남 재건축 아파트 중심으로 가격이 급락세를 보였다. 2008년 2/4분기 쯤 부동산 전문가들은 일시적이라 판단했지만 시장은 좀처럼 살아나지 못했다. 1년을 넘게 부동산 침체가 계속되자 부동산 전문가들은 이 불황이 앞으로 2년 이상 갈 수도 있다는 전망을 내놓기도 했다.

이런 가운데 2008년 3/4분기에 20억 원 이상인 초고가 아파트 거래는 늘어났다. '2008년 9월 중 실거래가 신고 아파트 현황' 자료에 따르면 20억 원 이상에 거래된 아파트는 모두 20건으로 7~8월의 평균 초고가 아파트 거래건수(10건)의 2배에 이르렀다.

9월 전체 아파트 거래건수가 2만 5,639건으로 6개월째 감소세를 보였다는 점을 감안하면 이례적인 현상이다. 그 이후 2008년 12월에 강남권 부동산 거래가 이뤄지면서 2009년 접어들어 강남 재건축 등 초고가 아파트를 중심으로 가격 상승으로 이어졌다.

개미투자자 따라 움직이면
본전도 못 찾는다

시시각각 변하고 한치 앞날을 내다볼 수 없는 요즘 주택시장에서 나만의 부동산 포트폴리오가 없이는 성공적인 투자를 할 수 없다. 특히 아무런 준비 없이 개미투자자들을 따라 움직였다가는 본전도 못 찾을 수 있다. 당신이 지금 개미투자자의 뒤를 따르고 있다면, 지금 그 걸음을 멈추는 것이 좋다.

준비없는 성공의 결과는 없다

최근 서울에서 내 집을 마련하는데 한 푼도 쓰지 않고 모아야 20년 걸린다는 조사가 있었다. 아직까지 내 집을 마련하지 못한 사람들은 택시를 타고 한강변을 달리거나 서울 주변의 산에 올라 서울 시가지를 내려다보면서 이렇게 많은 집 중에서 아직까지 내 집을 마련하지 못한 데 대한 자괴감을 느끼는 때가 많을 것이다.

또한 친척들이나 주변 이웃이 부동산 투자로 많은 돈을 벌었다는 이야기를 들을 때도 나는 그동안 무엇을 하고 살았는지 어떻게 하면 부동산을 통해 한 몫 잡을 수 있을지 부럽기도 하고 막막하기도 할 것이다.

이러한 부러움 때문에 준비 없이 아무런 집을 덜컥 저지를 수는 없다. 그랬다가는 평생 내 집 마련을 하지 않았던 그때로 되돌아가고 싶은 일이 생길 수도 있다. 한 예로 2007년 말부터 강북 소형아파트가격이 크게 올랐다. 소형아파트 공급 부족과 주변 재개발·뉴타운 이주 수요 증가 등의 원인으로 상대적으로 저렴한 강북 소형아파트로 수요자들이 대거 몰린 것이다. 강북 집값 오름세는 그 다음 해인 2008년 상반기까지 이어졌다.

마흔이 되도록 내 집 마련을 하지 못했던 김씨는 강북 집값이 크게 오르자 겁이 나기 시작했다. 그나마 집값이 저렴했던 강북 집값이 천정부지로 오르자 앞으로 내 집 마련이 더 어려워지겠다는 두려움 때문이다. 투자 금액이 7천만 원밖에 없어 대출의 힘을 이용해야만 했던 그는 은행에서 1억 6천만 원을 대출 받아 강북 쪽에 아파트를 매입했다. 앞으로 더 올라주면 대출 이자쯤은 문제가 없을 것이라고 생각했던 것이다.

하지만 강북 아파트가격은 8월부터 주춤하더니 곧이어 하락세를 보이기 시작했다. 끝무렵에 들어간 것이다. 생활비로 빠듯한 상황에서 대출 이자는 한달에 100만 원 가량 꼬박꼬박 들어가자 김씨는 부담이 컸고, 아파트를 매입한 지 6개월만에 다시 그 아파트를 팔아야 했다. 그나마 모아뒀던 7천만 원도 아파트가격 하락과 세금, 대출이자 등의 부담으로 얼마 챙기지 못했다.

투자계획을 세워서 움직여라

최근 2017년과 2018년 짧은 기간 동안 집값이 너무 올라 무주택자나 세입자들은 경제적 고통은 물론 심리적 발탈감을 느끼게 되고, 일부는 무리해서라도 집을 사야 한다며 투자 행렬에 합류한 사람들도 있다.

사실 2018년 집값 상승은 부자들의 투자게임에서 시작되었다. 다양한 포트폴리오 구성과 매도·매수 타이밍을 조절할 수 있는 부자들의 투자게임에 개미투자자들이 가세하면서 점프 전략을 시도해 보았지만 정부가 집값 잡기에 발벗고 나서면서 개미투자자들은 비상에 걸리게 되었다. 악재를 이겨낼 준비를 미처 하지 못했기 때문이다.

집값이 올라도 너무 오르고, 이에 정부는 집값을 기필코 잡겠다며 규제가 잇따라 나오는 등 안개 짙은 시기에는 그 어느 때보다 투자의 신중함이 요구된다. 이럴 때일수록 장기적인 관점에서 계획에 따라 움직여야 한다. 물론 그 계획이 상황과 조건에 따라 달라질 수 있다. 하지만 장기적인 계획을 어떻게 세웠냐에 따라 개미투자자들은 유혹에 현혹이 안 될 가능성이 높다.

집값의 오름과 낮음은 신이 아닌 이상 알 수가 없다. 사실 집값이 오르면 사고 싶어지고 떨어지면 팔고 싶은 것이 인지상정이지만, 웬만하면 단기간에 집값이 터무니없이 오르게 되면 매수자 입장에서는 가격에 대한 저항감이 생길 수 있다. 집값이 오르는 구간에서도 부담감보다 더 오를 것이란 기대감이 더 클 경우에는 매수해도 시기가 늦진 않았다. 사고 싶지만 '올라도 너무 올랐다'는 가격에

216

대한 저항선이 생기는 시기는 매수를 포기하는 것이 좋다.

내가 생각하는 것은 다른 사람들도 같은 생각을 하고 있을 가능성이 크다. 하지만 자금력이 있어 장기적으로 볼 여유가 있고, 투자 대상이 믿을 수 있는 대규모 호재가 있는 곳이라면 비싸더라도 투자해도 된다.

최적의
매도 타이밍을 찾아라

목표수익률에 도달하면
욕심을 버리자

주식이나 부동산은 바닥도 꼭지도 점칠 수 없다. 꼭지를 기다리다가 바닥일 때 파는 수가 있기 때문에 부동산시장의 흐름을 잘 읽어 향후 어떻게 될 것인지 파악해야 한다. 또한 타이밍이 왔을 때는 과감한 자세도 필요하다.

도전을 하든, 포기를 하든 부동산 투자에서 실패하는 사람들의 공통점은 욕심이 너무 많다는 것이다. 너무 과한 욕심은 실패를 가져온다. 과한 욕심으로 실패하지 않기 위해서는 목표수익률을 설정하고 목표수익률에 도달하면 과감히 결정할 줄 알아야 한다.

목표수익률 주문을 외우자

경기도 부천에 사는 왕석출(48세) 씨는 용산 시티파크의 인기를 실감하며 2004년 4월에 분양한 부천 중동의 위브더스테이트에 뛰어들었다. 왕씨가 구입한 전용 84㎡의 청약 경쟁률은 무려 325 대 1이었고, 계약 초기에는 분양가 3억 6,100만 원에 2천만 원의 프리미엄이 형성되었으며, 프리미엄은 이후 4천만 원까지 올랐다. 하지만 2004년 4월 말부터 주상복합 분양가격의 오름세가 둔화되기 시작했고, 이어 몇몇 투자자들은 어느 정도 프리미엄만 챙기고 빠져 나갔다. 왕씨는 프리미엄이 좀더 오르면 그때 빠져나와야겠다는 생각을 했다. 그러나 오름세는커녕 마이너스 프리미엄으로 팔아야 했다.

투기와 투자를 구분하기 위해서는 원하는 목표수익 달성 기간을 기준으로 구분할 수 있다. 투기는 단기간 안에 시간과 위험에 대한 대가를 얻고자 하는 것이다. 반면 투자는 수익을 중장기에 얻고자 하는 것이라 할 수 있다.

주택가격은 오르고 내리고 등락을 반복하기 때문에 내렸을 때 사고, 올랐을 때 팔면 된다. 하지만 오르면 사고 싶어지고, 내리면 팔고 싶어지기에 쉽지 않은 부분이다. 오르면 더 오를 것이란 기대감 때문에 팔지 못하고 버티다가 실패하는 것이다. 팔아야 할 시기를 한번 놓치게 되면 실패한 그 가격에 팔든지 아니면 다시 회복될 때까지 기다리는 수밖에 없다. 그래서 이런 시간 낭비를 하지 않기 위해서는 투자에 앞서 목표수익률을 결정하고 주문을 외우는 것이 중요하다.

부자들은 대체로 '연 5%' 등 목표수익률을 미리 정한 다음 그것을 실현할 수 있는 투자 포트폴리오를 선택한다. 투자 원금이 크다 보니 그 정도 수익률도 큰돈이 되기 때문이다. 그러나 월급쟁이들의 투자 원금은 부자들에 비해 워낙 적다 보니 현재까지 수익률에 만족하지 않고 욕심을 내는 경향이 많다. 따라서 처음부터 연간 목표수익률을 정한 다음 해당 수익률에 도달하면 매도를 고려하고, 그때부터 새로운 투자 포트폴리오를 만드는 것이 좋다.

시장의 큰 그림을 보면
매도 타이밍이 보인다

과거 부동산시세 그래프를 그려보면 비슷한 모습의 그래프가 반복되어 나타나는 것을 알 수 있다. 유행이 돌고 돌 듯 부동산가격 흐름 역시 기본적인 틀에서 쉽게 벗어나지 않고 있다. 시기별 부동산이 어떻게 움직여 왔는지를 잘 파악만 하더라도 내 집 마련 및 투자에 있어 실패는 없을 것이다.

2001~2003년 상반기 동안은 부동산의 급등기였다. 대부분의 아파트와 토지 가격이 급상승했다. 그동안 여간해서는 아파트가격이 오르지 않던 인천지역의 아파트도 동일기간에 30%까지 올랐으니 두말 할 필요가 없다.

이랬으니 누구든 부동산에 관심을 갖지 않았겠는가. 어느 시기에는 폭등세를 보인 시기도 있었던 반면 폭락해 부동산 바닥론까지 거론된 시기도 있었다. 부동산가격은 지역별로, 그리고 시기별로 많은 변화를 겪어 왔다는 얘기다. 부동산의 답은 여기에 있다. 부동산 투자는 너무 어렵고 복잡하다고 생각할지도 모른다. 하지만 찬찬히 훑고 뜯어보면 매우 단순하게 움직이고 있음을 알 수 있을 것이다. 지금껏 부동산시장은 어떻게 흘러왔는지를 파악해 보자.

시기별·요소별 부동산시장 흐름

부동산시장 흐름을 읽는다고 한다면 1986년부터 현재까지 5단계로 분류해서 읽을 수 있다.

1단계는 급속도로 경제 성장을 해왔던 1986년부터 1990년까지다. 이때는 급속한 경제 성장으로 인한 소득 증가로 '시중 자금의 유동성'이 컸던 시기다. 이 시기에 부동산가격이 오를 수밖에 없었던 특별한 이유가 있다. 세계적으로 대한민국을 알릴 수 있는 나라 축제인 88올림픽을 비롯한 86아시안 게임, 또한 지금의 부의 조건인 1986년 한강개발사업 준공 등 각종 개발 사업이 진행되었던 시기였다. 이때에는 서울 아파트가격이 강남을 중심으로 급등하기 시작하면서 주택가격 상승률이 연평균 67%까지 보였다. 현재나 과거에나 부동산에 있어 자금의 유동성은 부동산시장에 큰 역할을 하고 있다.

2단계는 '수요와 공급의 격차'의 시대라 볼 수 있다. 노태우 정부는 1989년 공약으로 주택 200만 호 건설을 내세웠다. 이 공약이 분당, 일산, 평촌, 산본, 중동 등 1기 신도시 개발을 시작으로 주택 공급이 본격적으로 시작되었다. 이는 1991년 하반기부터 1995년 초까지를 말한다. 1991년 하반기부터 1995년 하반기까지는 정부의 주택 200만 호 건설의 성공적인 달성에 따라 주택 대량 공급이 이뤄지면서 주택가격이 잠시 안정세에 접어들었다. 이때에는 주택 200만 호 건설 이후로 시설과 인원이 늘어난 건설업계에서 연평균 50만 호 이상의 주택을 지속적으로 공급함으로써 주택의 공급 과잉 현상이 서서히 일어난 시기다. 이때 주택가격은 연평균 5% 정도 하락했다.

3단계는 1995년부터 1997년 사이다. 이때에는 '교통의 변화'가 부동산가격에 영향을 준 시기다. 이 시기에는 1995년 말 지하철 5호선이 개통되었다. 5호선이 지나는 목동을 비롯한 강동, 송파권의 아파트가격이 급상승했다. 지하철 9호선이 개통 됨에 따라 그 주변 지역인 양천구와 강서구 일대, 동작구 일대 등의 주변 아파트와 재개발 지분값이 급등하는 것도 마찬가지다.

4단계는 1997년 태국에서 시작한 아시아 금융 위기가 우리나라에도 들어온 시기, 즉 IMF 시대다. 이때는 부동산시장이 전반적으로 침체기에 접어들면서 주택가격은 폭락하고 실업률이 폭등하는 등 경기 위축이 급속도로 진전되는 시기였다. 하지만 역으로 '매수자들에게는 최대의 봄'이었던 시기이기도 했다.

이렇게 지금까지 부동산가격이 시장의 다양한 요인에 따라 움직이고 있다는 것을 알 수 있다. 그 상승 요인은 크게 경제 성장에 따른 소득 수준 증가와 주택 공급과 수요의 관계, 큰 개발 호재 등을 들 수 있다.

그렇다면 지금은 어떤 시기일까? 국민의 대축제인 '2018 평창동계올림픽'이 끝이 났다(88올림픽 때는 전국적으로 부동산 호황을 가져왔다면 평창동계올림픽은 강원도라는 지역 부동산 호황 잔치로 끝났다). 그리고 강남 개발, 신도시 개발 같은 대대적인 지도 변화를 가져올 법한 공급 변화도 크지 않다. 무엇보다 정부가 부동산가격을 잡겠다고 잇따라 강한 부동산 정책을 내놓고 있으며, 그 의지 또한 강하다. 앞으로 주택가격 상승을 확실하게 이끌 호재가 없는 미래라면 매도 타이밍이다.

저금리 기조 속에 금리가 상승하면 매도 시점이다

IMF 외환위기 이전만 해도 우리나라 금리는 사실상 고정금리였다. 때문에 금리와 주택가격 간의 상관관계는 크지 않았다. 1997년 후반 900원대였던 환율은 2천 원까지 수직으로 상승했다. 1년 만에 통화가치가 반 토막이 났다. 한국 정부는 더 손을 쓸 수가 없었다. 정부는 결국 IMF에 구제금융을 요청했다. 그리고 돈을 얻어오는 대가로 많은 것을 희생할 수 밖에 없었다.

IMF의 요구사항을 요약하면 고금리, 재정긴축, 자본시장 개방, 기업 구조조정이었다. IMF 외환위기로 금리 규제가 거의 풀렸고, 금리는 오르락 내리락 했다. 1997년 당시 은행 예금금리 20%, 대출금리 30%가 넘는 기현상이 발생했다. 외국인들은 다시 급격하게 유입되기 시작했고, 높아진 환율로 한국에 있는 모든 자산을 저렴하게 봤다. 금리가 20~30%에 달하면서 더 유출될 자본도 없다는 소식이 돌았다.

그러자 그들은 한국의 주식과 기업, 부동산을 매수하기 시작했다.

급등했던 환율은 빠르게 하락했으며, 금리도 1년 뒤에는 8% 수준까지 하락하면서 빠르게 안정되었다.

금리가 움직이면 가격도 움직인다

저금리 기조 속에 금리 상승 얘기가 나온다는 것은 매도 시점이라고 봐야 한다. 우리나라뿐만 아니라 외국 역시 '금리 상승 → 주택담보대출 감소 → 주택 수요 감소 → 주택가격 하락'의 사이클을 그려왔다. 금리 인상은 부동산 거품에 대한 우회적 경고이기 때문이다. 2017년 11월 30일 한국은행의 금리 인상은 치솟는 주택가격과 1,400조 원을 넘어선 가계부채를 더 이상 방치하지 않겠다는 시그널이었다. 한국은행의 금리 인상은 2011년 6월 이후 처음으로 저금리 시대의 종언을 뜻하기도 하다.

금리와 집값은 반대의 방향으로 가는 것이 속성이다. 금리 상승은 곧 부동산가격 하락으로 이어진다. 금리와 부동산가격의 상관관계는 외환위기 이후부터 나타났다. 둘 사이에는 반비례 관계가 만들어졌다. 1997년 말 우리나라가 IMF(국제통화기금) 관리체제로 접어든 뒤 3년 만기 회사채 금리는 20~30%까지 치솟았다.

금리가 급등하자 집값은 폭락했다. 주식도 연일 하한가 행진이었다. 종합지수가 300선 밑으로 곤두박질했다. 서울과 수도권의 집값은 1998년 초부터 그해 5~6월까지 6개월간 무섭게 추락했다. 금리 인상 초기는 금리가 여전히 낮은 만큼 대출이자 부담이 크지 않아 집값이 오히려 오르는 경우가 많다. 과거 사례에서 부동산가격이 꺾이는 시점은 금리 인상이 두 차례 이상 있고 난 후였다.

한국은행 기준금리·아파트 매매값지수 추이

(단위)
100
80
60
40
20

5.25
3.25
64.6
42.2
5.00
79.5
92.8
3.25
95.2
2.00
101.5
1.25

── 아파트매매값지수   ── 한국은행기준금리

2000 2002 2004 2006 2008 2010 2012 2014 2016

(단위)
5.00
4.00
3.00
2.00
1.00

자료: 한국은행

　또 우리가 주시해야 할 부분이 부동산 투자 기대수익률에 대한 힘이다. 금리와 부동산시장의 관계는 부동산 투자의 기대수익률이 은행 금리보다 높을 경우, 금리 상승국면에서도 부동산가격이 상승할 수 있다. 부동산시장 악화 등으로 부동산 투자 수익률이 은행예금금리보다 낮을 때에는 정책 당국의 부동산 규제완화 대책에도 불구하고 주택가격이 하락할 수 있다.

　하지만 금리 인상의 목적 중 하나가 부동산가격 거품 해소다. 집값은 어느 순간 하락세로 돌아설 수 있기 때문에 금리상승기에는 더 큰 욕심을 내기 보다는 매도를 고려하는 것이 안전하다.

전셋값은 매매값의
선행지표다

아파트 전셋값은 매매값의 선행지수 역할을 한다. 경제학적으로 볼 때 전셋값은 주택의 사용가치고 매매값은 시장의 교환가치다. 전셋값은 부동산의 내재가치(Fundamental Value)에다 이자율 등을 고려해서 반영하는데, 전셋값 변동은 시차를 두고 매매값 변동으로 이어진다는 것이다. 전셋값이 매매값 하락 또는 상승의 전주곡이라는 얘기다.

전셋값이 떨어지면 일정기간 후 매매값도 떨어진다
전셋값이 오른 이후 일정 시차를 두고 뒤따라 매매값도 상승한다. 그리고 전셋값이 떨어지면 일정 기간 후 매매값도 떨어진다. 전셋값이 매매값의 선행지표라는 부동산의 법칙은 2000년 이후 주택시장에서 딱 들어맞았다.

국내에선 1995년 이후 전셋값과 매매값 간의 상관관계가 뚜렷한데 예외적인 경우는 거의 없었다. KB부동산시세에 따르면 전국 주택의 전셋값은 2002년 10월 이후 하락세로 접어들었다. 이 당시 주택값은 아파트를 중심으로 고공행진을 하던 때다. 전셋값은 2002년 10월 −0.1%(전월대비), 11월 −0.9%, 12월 −0.5% 등 3개월 연속 빠졌다. 이러더니 2003년 1.4%, 2004년 11월 말까지 3.5% 내려 앉았다.

하지만 매매값은 이보다 13개월 지난 후 하락세로 접어들었다. 즉 2003년 11월(−0.4%) 이후 하락세로 접어들면서 계속 약세를 보이고

서울 전셋값과 매매값의 상관관계

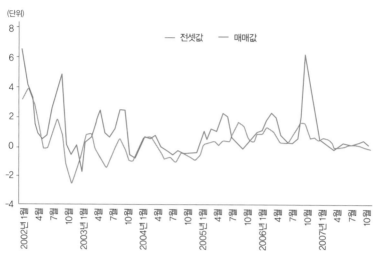

자료: KB부동산시세

있었다. 2018년의 경우 11월 말까지 1.2% 떨어졌다.

전셋값이 급등한다는 것은 집이 부족하다는 것을 말한다. 집이 부족하다는 것은 결국 매매시장에서도 똑같은 의미다. 집이 필요한 사람은 없는데 공급은 없으니 전셋값이나 매매값이 다 오를 수밖에 없다. 전셋값이 먼저 오르는 것은 집이 필요한 사람인 전세의 실수요자가 먼저 움직이기 때문이다. 또한 전세라는 특성이 돈을 주고 빌리는 것이다. 2년 후 다시 고스란히 받을 수 있는 금액이다. 때문에 매매보다는 쉽게 계약이 이뤄진다.

반면 매매는 본인의 전재산이 걸린 문제이다. 전재산이 걸린 문제이다 보니 쉽게 결정을 내리기 어렵다. 매매값이 떨어지면 '다시 오르겠지'라는 기대감을 걸어보기도 하고, 가격을 낮추지 않고 버텨보기도 하다가 결국엔 전세시장을 따라가는 것이다.

매매값은 투기적인 요인에 의해 올라 거품이 생길 수 있다. 하지만 전세는 이런 요인보다는 실수요와 주택 공급 등에 따라 움직이기 때문에 거품이라는 게 없다. 시장의 과열 분위기 등에 의해 매매값이 오르더라도 전셋값이 하락하고 있을 때 투자할 경우 실패할 확률이 높다는 얘기다.

바닥을 잘 찾는 것만이 살 길이다

바닥은 대체 언제일까? 바닥론은 앞으로도 지겹도록 논쟁거리가 될 것이다. 과연 바닥이라는 것은 있기는 한 것인가? 바닥이라는 것은 결코 정해지지 않았지만 바닥은 있다. 그 바닥을 잘 찾아서 내 것으로 만드는 것이 투자의 지름길이다.

기회 비용을 감안해야 한다

"언제가 바닥인가요?" 업이 업이니만큼 시장 전망에 관한 질문이지만 여간 곤혹스럽지 않다. 신이 아닌 이상 어느 누가 바닥을 알 수 있을까? 모든 전문가들도 마찬가지다. 부동산가격이 급락을 할 때마다 각기 다른 전망을 내놓는다. 그만큼 바닥론을 예견하기가 힘들다는 것이다. 전문가는 평가를 하고 전망을 하는 것이지, 절대적으로 꼭 찍어 정답을 말할 수는 없다.

하지만 바닥은 있다. '매입을 하려고 하니 더 떨어질 것 같고, 팔려고 하니 더 오를 것 같고' 이것이 바로 사람의 심리다. 바닥이라 생각했는데 사고 보니 또다시 떨어지고, 또 운이 정말 좋아서 정확한 바닥시점에 매입 한 후 바로 상승기를 탈 수도 있다. 하지만 부동산 투자에서 과감성도 투자 전략이다. 이를 '기회 비용'이라고 한다.

또 다른 한편으로는 가격이 한참 떨어지고 있을 때 이 정도 떨어졌을 때 매입하면 괜찮겠다 싶어서 매입을 했는데, 그 이후에도 부동산가격이 떨어진다면 "조금 더 기다렸다가 살 것을" 하고 후회가 된다. 이것이 일반 사람들의 공통된 마음이다. 하지만 이런 두려움은 부동산 투자 성공에서 걸림돌이 될 수밖에 없다. 투자 가치가 있는 상품이라 판단이 될 경우에는 어느 정도 떨어졌다고 판단이 되면 적극적으로 투자에 나서야 한다. 두려움은 최적의 투자 매입 시기를 놓치게 한다.

2008년 말 글로벌 금융위기로 인해 부동산가격이 폭락했다. 특히 강남 재건축 아파트를 중심으로 한 달에 몇억 원씩 떨어지고 있었다. 이런 가운데 많은 전문가들은 '지금이 바닥이다, 매입 적기'라고 말하고, 또 다른 일각에서는 '조금 더 기다려라, 더 떨어질 것'이라고 말하곤 했다. 매입 적기라 판단한 전문 투자자들은 2008년 연말에 보유한 현금을 풀었다. 그리고 결론은 성공했다. 2009년 상반기 강남 재건축 아파트가격은 몇억 원씩 오르면서 금융위기 이전으로 회복되었기 때문이다.

앞으로 부동산은 상승 탄력이 떨어질 것이다

앞으로 길게 보면 서울 부동산뿐만 아니라 전반적으로 부동산은 상승 탄력이 갈수록 떨어질 수밖에 없다. 과거처럼 자고 일어나면 몇천만 원씩 폭등하는 시대는 끝났다는 것이다. 과거에는 그만큼 수요 대비 공급이 한참 부족했고 기대심리가 컸기 때문에 잇따른 규제책이 쏟아져 나와도 불붙은 열기는 쉽게 꺼지지 않았다.

하지만 그런 시대는 두 번 다시 오기는 힘들다. 공급은 이제 과잉 상태로 미분양 아파트가 남아돌고 수요자들은 구매욕을 잃어가고 있다. 이렇게 상황이 예전과 많이 달라졌기 때문에 과거와 같이 집값 폭등 시대는 기대하기 힘들어졌다.

대체로 부동산시장은 어둡다는 데 무게가 실린다. 지방은 주택 구매 수요자가 없다. 집값이 싸면 뭐하겠는가. 수요자들이 없고 지방에서 수도권으로 인구가 유입이 될 가능성은 거의 없다. 따라서 지방의 경우에는 부동산가격 하락은 불을 보듯 뻔하다. 지방의 경우에는 당분간 2~3년까지는 시세 상승 탄력을 받기 힘들다. 수도권도 마찬가지다. 2017년과 2018년 초기까지 단기간 내 집값이 너무 올랐다는 부담감과 집값을 잡겠다는 정부의 의지도 너무 강하다. 그리고 과거 1980~1990년대 대변화가 나타났던 지각변화도 없다.

전반적으로 부동산가격의 상승 탄력 저하는 어쩔 수 없는 현상이다. 이런 가운데 부동산 투자에서 성공하기 위해서는 시장이 호황일 때 시세 상승으로 탄력 받을 수 있는 지역에 선별 투자해야 한다.

적당한 바닥을 찾으면 성공한다

가계 부실은 부동산시장에 큰 불안 요인이다. 한국은행이 발표한 '2017년 4분기 중 가계신용(잠정)'에 따르면 가계신용 잔액은 2017년 4분기 말 기준으로 1,450조 9천억 원으로 집계되었다. 2017년 3분기 말(1,419조 3천억 원)보다 2.2% 늘었고, 2016년 말(1,344조 3천억 원)보다는 7.93% 늘었다. 일부 전문가들은 정부의 가계부채 안정화정책이 효과를 보면서 주택담보대출의 증가폭이 줄었기 때문에 걱정하지 않아도 된다고 한다. 하지만 경기 침체로 실질임금이 줄어들고 국민들의 부채상환 능력이 떨어지고 있다는 점에서 부동산 매도세가 강화될 가능성이 높다.

한 치 앞을 내다볼 수 없는 불확실한 시기에 부동산 투자에 나설 때는 일정 기간 관망 후 매수 타이밍을 잡는 보수적인 자세가 필요하다. 또 글로벌 경기와 금리, 정책 변화의 추이를 살핀 후 철저히 실수요 위주로 접근해야 한다. 바닥이 언제일지 모르는 시장 환경에서는 단기적인 시장 변수와 상품별 등락에 연연하기보다는 일반 경기와 부동산시장 흐름의 상관관계를 따져보고 투자를 결정해야 한다.

변동성을 예측하기 어려운 상황에서는 정부 정책 완화 수혜 종목을 중심으로 소액 투자 상품을 고르는 지혜가 필요하다.

뜨는 아파트는 바닥을 잠깐 놓쳐도 괜찮다

부동산시장이 모두 암울한 것은 아니다. 모든 아파트가 매력이 없어지는 것이 아니기 때문에 희망은 있다. 앞으로는 지는 아파트와 뜨는 아파트의 양극화 심화 시대가 올 것이다. 우리는 뜨는 아파트만 잘 고르면 된다. 하지만 이미 가격이 높게 형성되어 있을 것이다. 물론 이미 가격이 높게 형성되어 있어도 미래가치가 있는 아파트들은 향후 가격 상승을 기대할 수 있는 가치가 있다.

투자를 할 계획이라면 더 높은 시세차익을 얻으면 좋지 않겠는가. 그런 기회는 바닥 시점을 노리는 것이다. 바닥 시점에 매입을 했다면 리스크도 덜하다. 예를 들어 현재 시장을 두고 보면 호가만 넘치는 상황에서 시세가 20%까지 빠졌다. 고점에서 샀다면 향후 더 떨어질 리스크가 있지만 바닥에서 샀다면 부동산은 원래 제 값으로 돌아가려는 의지가 있기 때문에 바닥에서 적어도 지난 과거 고점까지는 오를 가능성이 있다는 것이다. 그리고 경매로 투자를 한다면 더 높은 투자를 할 수 있다.

신이 아닌 이상 어느 누가 정확한 바닥을 알 수 있을까?

정확한 바닥은 전문가들도 알 수 없다.

전문가는 평가를 하고 전망을 하는 것이지 콕 찍어 정답을 말할 수는 없다.

앞으로 부동산 투자에 성공하기 위해서는 미래 부동산 트렌드를 내다볼 줄 알아야 한다. 시장에 주는 요소들이 무엇이 있는지를 알아야 하고, 그 요소들은 어떻게 변화할 것인지 분석해야 한다. 예를 들어 최근 몇 년 사이 미세먼지와 지진 등의 환경적인 변화가 심하다. 그렇다면 이런 환경적인 변화는 생명과 직결되므로 당연히 집을 선택할 때 중요할 수밖에 없다. 또 부동산시장에 큰 영향을 줄 요소 하나가 4차 산업혁명이다. 4차 산업혁명은 모든 분야에 영향을 줄 수밖에 없다. 그렇다면 4차 산업혁명으로 주거공간은 어떻게 변할지 고민하고 접근하면 다른 사람들보다 한발 앞서 선점할 수 있을 것이다.

4부

부동산을 지배할
미래 트렌드를 알자

주거 트렌드의
변화를 읽어야 한다

미래 트렌드를
읽어라

트렌드를 잘 따라가면 돋보이기 마련이다. 부동산도 트렌드만 잘 따라가면 성공할 수 있다. 부동산은 호황과 불황기에 뜨는 상품이 있으며 그 시대에 뜨거나 앞으로 뜰 부동산이 있다. 우리는 그 트렌드를 적당한 시기에 잘 따라갈 필요가 있다. 물론 그 시기는 적당해야 한다. 지나치게 따라가면 안 따라가는 것만 못하다. 트렌드는 다른 사람보다 앞서 간다고 해서 그 누가 알아줄 사람이 없기 때문이다.

주택은 사회현상의 거울이다

주택은 사회현상을 반영하는 거울이므로 수요자의 미래 소득 수준과 증가율, 주택에 대한 개념, 보급률 등, 사회의 주요 트렌드를 읽어야 주택가격의 향방을 예측할 수 있다.

우리나라는 소득이 증가하고 주택 보급률이 100%를 넘어서면서 주택가격의 양극화가 진행되고 있다. 그리고 주택 시장이 양적 팽창에서 질적인 고급화로 접어들면서 주택에 대한 개념이 개인에서 신분으로 변화되는 추세다.

금융이 발달하면 대부분의 전세자들이 주택 구입이 가능해졌기 때문에 '주택이 있느냐 없느냐, 또는 몇 개를 소유하고 있느냐, 더 나아가 얼마나 큰 주택을 소유하고 있느냐'보다는 어디에 어떤 주택을 소유하고 있느냐가 중요한 시대로 접어들 것이다.

앞으로는 명품화 시대다

한마디로 주택의 명품화 시대가 시작되었다. 핸드백을 가지고 있느냐 몇 개를 소유하고 있느냐가 중요한 것이 아니라, 어떤 명품 핸드백을 가지고 있느냐에 따라 본인의 신분을 과시하려는 추세가 주택 시장에서도 시작되었다.

따라서 앞으로 우리나라에서도 비버리힐즈와 할렘가가 곧 생기게 될 것이다. 할렘가에서 크고 좋은 집을 갖고 있어도 가격이나 가치는 할렘가 가격 수준에서 벗어날 수 없지만, 비버리힐즈에서 아무리 허름한 주택일지라도 비버리힐즈의 평균 가격 수준에서 거래가 될 것이기 때문에 향후 비버리힐즈가 될 곳을 찾아 미리 그 곳에서 정착하는 것이 부자가 되는 지름길이라고 할 수 있다.

자본주의가 고도화될수록 소득의 양극화는 심해지고 부자들은 그들만의 영역이 보장되는 주택을 찾으려고 노력할 것이다.

한국의 비버리힐즈를 찾아라

우리나라에서 비버리힐즈가 형성되기 위한 조건은 무엇일까? 환경과 전망이 좋아야 하고 편익시설이 발달되어 있어야 하고 그들만이 모일 수 있는 대형 명품 주택이 많은 곳이어야 한다. 그리고 현재보다는 미래에 비버리힐즈로 발전할 가능성이 높은 곳이어야 한다.

이러한 곳으로는 서울의 송파구, 용산구, 그리고 광교신도시, 판교신도시 등을 들 수 있다. 송파구와 용산구는 강남을 능가하는 곳이될 것이다. 반면 광교신도시, 판교신도시는 송파구, 용산구와는 성격이 다른 주거지로 바뀔 것이다. 송파구, 용산구는 기능성을 추구한곳이라면 광교신도시, 판교신도시는 자연친화적인 웰빙 주거지로 주목을 받을 것이다.

기능성 아파트에서 웰빙형 아파트 시대로 접어든다

아파트에 대한 투자는 언제까지 수익성을 보장할 수 있을까? 현재 기능성 아파트 시대에서 웰빙형, 전원형 아파트 시대로 접어들고 있다. 따라서 이러한 추세는 향후 5~10년 정도 지속될 것으로 예상된다. 그 후에는 전원주택으로 서서히 수요가 이동할 것이다.

사회적인 추세와 더불어 향후 5~10년 동안은 웰빙형 아파트의 가격 상승률이 높을 것이다. 웰빙형 아파트는 산과 강, 그리고 골프장 등을 끼고 있고 중대형으로 이루어져 있으며 대단지이고 고층인 아파트라고 할 수 있다.

기능형 아파트 시대일 때 가장 좋은 아파트는 남향이며 15층 중 7~12층으로 너무 낮지도 너무 높지도 않아야 한다. 그리고 가장 인기가 없는 아파트는 최상층과 1층이었다. 그러나 웰빙형 아파트는 향과 관계없이 전망이 트인 곳이 인기이고 최고층인 펜트하우스가 가장 인기가 높다. 낮으면 낮을수록 선호도가 낮고 중간 라인이 아니라 양사이드의 인기가 높다.

공기, 환경, 전망 좋은 잘 갖춰진 편의시설과 고급 인테리어가 갖춰진 건강에 좋은 아파트가 인기를 누리는 시대인 것이다.

똑똑한 한 채에
집중하라

2017년 한국경제는 '가시밭길'이라던 연초 전망이 무색할 정도로 호조세였다. 수출은 거침없는 증가세였고 자본시장 역시 높은 상승세였다. 경제성장률뿐만 아니라 주가, 물가까지 일제히 상승했다. 특히 부동산은 정말 호황 그자체였다.

양도세 중과, 보유세 등으로 똑똑한 한 채에 집중
압구정동 구현대4차 전용면적 118㎡ 주택형은 2017년 34억 원에 거래되었다. 같은 주택형이 32억 원에 팔린 지 불과 열흘 만에 2억 원

다주택자 양도세 중과 시행 전후 세액 비교

3주택 이상, 주택 10년 보유 후 양도시 양도세액 비교	2018년 4월 이전	2018년 4월 이후 (다주택자양도세중과시행)
1. 매입가격(2001년)	3억 원	3억 원
2. 매도가격(2018년)	15억 원	15억 원
3. 보유비용	2억 원	2억 원
4. 양도차익(2-3-1)	10억 원	10억 원
5. 장기보유공제 30%	3억 원	없음
6. 과세표준(4-5)	7억 원	10억 원
7. 양도세율(양도세＋주민세)	45.20%	68.20%
8. 양도세(누진공제 적용 전)	3.23억 원	6.82억 원
9. 누진공제	2,940만 원	3,540만 원
10. 양도세액	2.94억 원	6.46억 원

이 올랐다. 8·2부동산대책 전인 2017년 7월 실거래가(28억 원)에 비해 5개월 만에 6억 원이나 올랐다. 구현대5차 전용 84m²는 저층 매물이 24억 원에 거래되며 한 달 전의 로열층 가격을 따라잡았다.

반포동 래미안퍼스티지 전용 84m²는 2018년 1월 22억 2천만 원에 거래되었다. 송파구 잠실동 잠실주공5단지 전용 76m²는 지난해 연말 17억 4천만 원에 손바뀜되었으나 한달 만에 18억 5천만 원을 호가한다.

2018년 1~3월 서울 강남4구의 주택 거래량이 1만 건을 돌파하면서 작년 동기의 2배 수준으로 급증한 것으로 나타났다. 국토교통부에 따르면 2018년 1~3월 서울 강남4구 주택 거래량은 1만 1천 786건으로 작년 동기에 비해 104.4% 증가한 것으로 나타났다. 같은 기간 서울 강남지역의 거래량은 2만 7천 545건으로 작년보다 77.3% 늘었고 강북은 2만 9천 369건으로 75.6% 증가했다. 지방 주택 거래량은 10만 818건으로 작년 동기 대비 5.8% 줄었다.

이렇게 강남 중심으로 손바꿈이 심했던 이유는 바로 다주택자 압박에 나선 정부가 8·2부동산대책으로 양도소득세 중과 카드를 뽑아든 데 이어 보유세도 인상하겠다고 나오면서 여러 채 분산하기보다는 한 채로 포트폴리오를 짜면서부터다.

성장가치, 희소가치 등을 따져 한 채에 집중

2018년 부동산시장이 강남 중심으로 부동산 자산 포트폴리오를 정리 한 것은 다주택자 양도세 중과 시행과 보유세에 대한 부담감 때문이다. 그렇다면 앞으로 정권이 바뀌거나 다른 이유로 이러한 세제가 다시 없어진다면 다시 모든 부동산의 투자 가치가 높아질까?

물론 단기적으로 보면 세제가 완화가 되면 가격이 일제히 상승할 수도 있을 것이다. 앞에서도 얘기했지만 주택의 수요가 되는 인구는 감소하며, 과거처럼 대규모 개발이 구석구석에서 이뤄지는 일도 그다지 없을 것이다. 그러니 과거처럼 하루아침에 몇천만 원씩 오르는 시대도 끝날 것이다.

돈 있는 자산가들은 인구 감소로 주택수요가 감소하는 만큼 아파트에 투자에 시세차익을 기대하기 보다는 빌딩 등으로 자산을 옮겨 시세차익과 꾸준한 임대수익을 누릴 것이다. 자산가들 이외 사람들도 자가 비중이 높아질 것이다. 저출산 등으로 대부분 부모들로부터

242

주택을 상속 및 증여를 받을 것이다. 그래서 자가 비중이 높아져 집을 구매할 이유가 없어질 것이다. 실제로 5년 미만 신혼부부로 범위를 넓혀보면 자가 대 전세 비중이 2010년 45.6%, 33.2%에서 2015년 50.6%와 27.4%로 둘 사이의 격차가 더 커졌다.

많은 주택을 소유하기 보다는 사람들이 원하는 좋은 주택이 몰려 있는 곳에 1주택을 가지는 것이 유리하다.

앞으로 주택시장은 성장가치, 희소성, 생산인구 증가 등의 요인들을 갖춘 지역은 여전히 투자 메리트가 높을 것이다. 또 고령화, 차별화, 양극화, 환경중심, 신분화에 적합한 주택가로 찾아 본인의 주택을 구조적이고 입지적으로 리모델링해야 한다.

본인이 사는 곳에 돈을 번 사람들이 이사를 온다면 비버리힐즈가 될 확률이 높지만 돈을 번 사람들이 다른 곳으로 이사하는 지역이라면, 지금이라도 미련을 버리고 빨리 비버리힐즈가 될 가능이 높은 지역으로 이사를 하는 것이 좋다. 주거 지역의 주변 사람들이 좋으면 자연스럽게 삶의 질도 올라가고 주택가격도 상승하며, 결론적으로 안정적인 가정생활을 누릴 수 있다.

샤넬이 비싼 줄 알고 산다

우리가 명품을 좋아하는 이유는 무엇일까? 비싼 걸 뻔히 알면서도 사는 이유는 그 값어치를 하기 때문이다. 하지만 이런 명품도 언제 어떻게 사느냐에 따라 투자금액이 달라진다. 부동산도 마찬가지다. 부동산에도 그 값어치를 하는 명품이 있다. 그리고 같은 지역 같은 부동산이라도 언제 사고 언제 파느냐에 따라 성패가 갈린다.

한국은 트렌드에 민감하다

언제부터인가 '명품'이라는 말이 낯설지 않게 되었다. 예전 같았으면 명품이라는 단어는 사회의 한 계층들에게만 어울리는 말이었다. 그런데 요즘에는 어디에서든 누구에게든 어색하지 않은 단어가 되어 버린 지 오래다.

명품이라는 것은 대체 무엇일까? 우리는 명품을 루이비통, 샤넬 등을 두고 일컫는다. 명품의 사전적 의미는 뛰어나거나 이름난 물건 또는 그런 작품을 두고 쓰는 말이다. 하지만 지금 우리는 명품을 단지 비싼 브랜드로 인식하고 있다. 그렇다면 명품은 어디서부터 유래되었을까? 명품은 미국, 유럽이 아닌 우리나라에서만 쓰는 단어이다. 한국을 제외한 다른 나라에서는 루이비통 등을 명품이라 부르지 않고 그저 '브랜드'라는 보편적인 용어로 사용한다.

우리나라에서 브랜드라고 하지 않고 명품이라고 부르는 것은 그만큼 잘 사는 사람들이 일반 사람들과 달리 대우받기를 원해서인지도 모른다. 그러나 지금은 어떤가? 명품은 한 계층들만의 소유물이 아니라 보편화되지 않았는가? 물론 짝퉁도 많지만 실제로 여자 두 명 중 한 명은 명품 하나쯤을 소유하고 있다. 명품이 트렌드로 자리 잡고 대중적으로 확산된 것이다.

하지만 아직은 명품 가방을 들고 다니는 사람들을 보면 그 사람을 다시 보게 된다. 그만큼 명품은 그 하나만으로 그 사람의 가치, 인지도 등을 평가하게 된다는 것이다.

한국은 트렌드에 민감하다. 이것은 감성적이고 영민하기로 정평난 한민족 고유의 특질이다. 트렌드를 재빨리 읽어내는 우리의 눈은 세계가 감탄하는 아름다운 영화를 만들고, 아시아에서 한류 드라마로 붐을 일으키고 있다.

그렇다면 부동산과 명품은 어떤 관계가 있을까? 부동산에서 명품이라고 한다면 바로 '강남'을 두고 하는 말이다. 우리는 내 집 마련, 그리고 재테크를 할 때 강남 진입을 위해 발버둥치고, 정부 역시 강남 집값 잡기, 그리고 강남 같은 도시 만들기에 열을 올린다. 그것이 인정하고 싶지 않아도 인정되어 버린 명품이라는 것이다.

강남은 강남(强南)이다

강남(江南)은 강남(强南)이다. 우리는 강남이 비싼 줄 알면서도 강남으로 들어가기 위해 기를 쓴다. 강남에는 특별한 무엇인가가 있기 때문이다. 어쩌면 명품을 사고 싶어 하는 이유와 동일하다.

우리는 처음 만나 서로 인사를 나누면서 "댁이 어디세요?"라는 질문을 한다. 그때 상대방이 '강남'이라고 했을 때 그 중에서도 '반포 아크로리버파크'라고 했을 때 어떤 생각을 하는지 생각해보자. 별 생각없이 받아들이는 사람들도 있겠지만 대부분 사람들은 그 사람을 다소 높이 평가하게 될 것이다. 그만큼 우리나라에서 비싼 아파트 중 하나이기 때문이다.

그런데 여기서 잠깐 생각해봐야 할 것이 있다. 만약에 지금의 반포 아크로리버파크가 강북에 있다고 한다면 아크로리버파크가 지금의 가치 그대로 받고 있을까? 답은 그렇지 않다. 강남에 위치해 있기 때문에 지금의 아크로리버파크가 만들어진 것이다.

강남에는 사람들이 바라는 것이 다 있다. 일자리, 놀이 문화, 사통팔달 교통, 교육시설. 그 수준들도 다른 지역에 비해 상당히 높다. 강남 옹호주의라서 그런 것이 아니라 사실 그대로다.

그렇다면 지금 비싸더라도 앞으로 그 값어치를 할 곳은 어디일까? 강남이 대표적이고 그 다음이 송파구와 용산구다. 앞으로 이 두 지역은 강남을 능가할 수준으로 거듭날 것이다. 강남과 바로 접해 있는 송파구는 현재 개발 호재로 둘러싸여 앞으로 시세 상승 여지가 무한대다. 용산구 또한 서울 심장 위치에 있어서 사통팔달 이동이 편리하다. 그리고 고속철도가 들어서 있어 각 지방에서 통과의례 지역이다.

두 지역은 물론 가격이 떨어질 때도 있겠지만, 호황기 때에는 그 어느 지역보다 기대 이상의 모습을 보여줄 곳이다.

어쩔 수 없는
서울로의 귀환

어쩔 수 없이 사람들은 서울을 선택할 수밖에 없다. 교통이 편리하고, 편의시설과 문화시설도 잘 갖춰져 있고, 일할 곳이 몰려 있기 때문이다. 정부는 신도시를 조성하고, 지방에 행정기관을 이전시키는 등 인구 분산을 위해 애를 써온 덕에 서울의 인구 집중화가 많이 좋아졌다.

앞으로는 어떻게 될까? 서울의 인구는 신도시와 택지개발로 많이 분산을 시켰지만 앞으로 4차 산업혁명 등으로 서울 도심으로 인구 집중화는 계속될 가능성이 크다.

없는 거 빼고 다 있는 서울

서울은 없는 것 빼고 다 있어서 참 살기 편한 곳이다. 외국 유명 브랜드, 음식점 등도 대부분 서울을 거쳐 지방으로 내려간다. 요즘 지방에서도 공연, 콘서트 등 문화생활이 많이 좋아졌지만 한계가 있다. 서울에서 이런 문화생활이 말 그대로 생활이라면, 지방은 연례행사 수준이다. 때문에 문화공연을 참여하기 위해 서울로 올라온다.

또한 서울은 크게 볼 때 국제공항과 국내공항이 더욱 가깝다. 교통 측면에서 볼 때도 발달된 지하철역과 도로망, 그리고 통신시설이 타권역에 비해 많아 정보통신 측면에서 볼 때도 지방과는 차별화된 지역이다.

정치적·경제적인 측면에서도 국회, 국정, 행정기관이 모두 서울에 위치하고 있다. 행정적으로 편리함을 제공한다는 것이다. 정부는 행정기관 등을 지방으로 이전시킴으로써 인구를 분산시키려고 하지만 한계가 있다.

사람들이 서울을 선호하는 가장 큰 이유는 민간기업과 공기업, 서비스업의 대부분이 서울권역에 위치해 이에 따른 일자리가 많기 때문이다. 지방과 서울의 임금 차이도 있지만 무엇보다 직장 선택의 폭이 넓다.

특히 최근 들어 젊은 층의 서울 진입이 커졌다. 문화예술부분에 관심이 커졌기 때문이다. 부산, 울산 지방통계청 조사결과에 따르면, 지난 2006년 부산, 울산 경남에서 전입과 전출을 통해 순수하게 줄어든 인구는 3만 6천 명인 것으로 나타났다. 이 가운데 20~30대가 2만 5천 명으로 69%나 되었다. 인구 유출이 많은 이유는 진학과 취업 등이 주요 원인으로 분석되었다. 부산과 울산, 경남을 떠난 사람들은 58%가 서울, 34%가 경기도로 떠나 역시 수도권이 생산층 인구의 블랙홀임을 입증했다. 서울로의 젊은 층 인구 유입으로 취업률도 크게 늘었다. 2007년 총 취업자는 494만 명으로 2003년 이후 꾸준히 증가하고 있다.

이렇게 없는 것 빼고 다 갖춰져 있으니 사람들이 서울에 올라오려고 하는 게 당연한 게 아니겠는가. 답답한 회색도시, 치열한 경쟁, 복잡한 도심 등 정말 지긋지긋한 서울의 모습이지만 사람들이 서울을 떠나지 못한 이유도 서울의 매력을 말해 주는 것이다.

서울 순인구 유출이 줄어들고 있다

하지만 서울의 인구는 줄어들고 있다. 서울의 인구가 경기도와 인천으로 분산되었기 때문이다. 그리고 최근에는 세종시도 한몫을 했다.

정부는 서울의 인구 증가를 억제하기 위해 서울 주변 분당과 일산, 평촌 등 1기 신도시를 건설했다. 서울시의 인구 증가가 지난 1980년 대 말에 이르러 한계에 도달하면서 주택을 지을 만한 땅이 거의 없기 때문이다. 이로 인해 상당히 많은 서울 인구가 신도시로 유출되고, 지방의 인구도 경기도권으로 유입되었고, 신도시 건설이 서울 인구 감소에 한 몫을 한 것이다.

수치로 살펴보자. 서울의 인구는 1991년부터 감소하기 시작했다. 1기 5대신도시 입주가 시작된 1993년부터는 감소 수준이 커졌다. 1992년 10,445,852명이었던 서울 인구는 1993년에는 24,733명이 감소했고, 이어 1994년에는 전년 대비 34,805명이 감소했다. 1기 5대 신도시의 입주가 완료되는 1996년 전년 대비 무려 146,805명이 감소한 것으로 조사되었다. 서울의 인구 감소 원인이 신도시 영향이 컸다는 것을 극명하게 보여주는 부분이다.

하지만 서울에서 빠져 나간 사람들이 다시 서울로 돌아오고 있다. 우선 정부가 1기 신도시를 발표하고 조성했을 때에는 상대적으로 서울에서 부족한 녹지가 높은 새도시라는 점에서 신도시로 많이 이동했다. 하지만 신도시로 이동했던 사람들은 신도시에서 살아보면서 불편함을 많이 느꼈을 것이다.

우선 가장 큰 불편함은 바로 출퇴근이다. 처음에는 분명 1시간 거리 정도면 괜찮을 거라고 생각했을 것이다. 하지만 왕복 2시간 거리에다 출·퇴근 시간은 체증 등으로 더 소요된다. 실제적으로 왕복으로 하면 4시간 거리다. 하루에 4시간을 차에서 보내야 한다는 것이 쉬운 일이 아니다.

또한 신혼부부 등 젊었을 때 신도시로 옮겨간 사람들이 자녀를 낳고 자녀가 커가면서 서울을 다시 찾게 된다. 왜냐하면 학군 때문이다. 신도시의 학군들도 많이 좋아지고 있지만 오랜 세월 동안 만들어진 서울 특히 강남 8학군을 따라갈 수 없다. 특히 2018년부터 자사고와 외고, 국제고의 우선 선발을 폐지하고 일반고와 동일한 일정으로 입시를 치르게 되었다. 이는 다시 맹모들의 교육열을 올리며 기존의 전통 명문학군의 가치를 올리는 효과가 줄 것이다.

실제로 서울의 인구 순유출이 줄어들고 있다. 서울시 자료에 따르면 2017년 1~7월까지 시도별 순이동 인구현황 중 서울의 순유출은 3만 6,018명이었다. 2016년 1~7월간 순유출은 7만 1,410명, 2015년에는 6만 5,459명보다 확실하게 줄어든 게 눈에 띈다.

특히 우리가 주목해야 할 부분은 4차 산업혁명이다. 대도시권에 적합한 4차 산업혁명의 업종을 감안해 서울 도심권은 업무지구로 활성화될 것이다. 이미 개발 부지 고갈 상태인 서울 도심은 업무지구 공간은 물론 주거공간으로서의 가치가 어마어마하게 커질 것이다.

사회의 변화를
꿰뚫고 있어야 한다

생활인구의
변화를 주목하라

빅데이터 분석 결과 서울시에서 생활인구가 가장 많은 곳은 '강남 3구'(강남·송파·서초)인 것으로 나타났다. 서울에 살지 않으면서 출근이나 통학을 이유로 서울에서 생활하는 사람은 최대 165만 명에 달하는 것으로 집계되었다.

서울시는 대중교통 이용, 인구, 사업체 통계 등 시가 보유하고 있는 행정정보와 KT의 통신 빅데이터를 10개월간 공동연구한 결과 이 같은 '서울 생활인구' 인구모델을 개발했다.

생활인구는 KT의 휴대전화 통신을 기반으로 기지국별 인구를 집계해 전체 인구를 추정하고, 서울시 교통 이용 통계 등 공공데이터를 활용해 서울 시내 1만 9,000여 개 집계 단위별로 1시간 인구를 계산하는 방법으로 산출했다. 서울에서 생활하는 인구는 서울시의 행정서비스를 필요로 하는 모든 인구를 말한다.

2018년 기준 조사 결과 서울시에서 생활인구가 가장 많은 자치구는 강남구(85만 명), 송파구(77만 명), 서초구(62만 명) 순이었다. 주민등록인구 기준으로는 송파구(67만 명), 강서구(61만 명), 강남구(56만 명) 순으로 차이가 컸다.

서울이 아닌 지역에 주거하면서 실제 생활은 서울에서 하는 인구는 최대 165만 명으로 집계되었다. 서울 외곽의 위성도시에 살면서 직장이나 학교는 서울로 다니는 경우다. 경기(78.6%)와 인천(10.5%)이 90% 가량을 차지했고, 시·군별로는 고양시(15만 명), 성남시(14만 명), 부천시(12만 명), 남양주시(11만 명) 순이었다.

생활인구가 많은 지역을 살펴보면 서울 중에서는 집값이 비싼 강남권 중심이다. 왜 그럴까? 강남 3구에는 주요 기업들과 유흥가, 학원가 등이 밀집해 실제 거주하는 인구에 비해 생활인구가 훨씬 많은 게 아닐까? 서울을 제외한 수도권에서는 고양, 성남, 부천, 남양주 등 이들의 공통점은 뭘까? 서울 접경지역이다.

2018년 기준 서울 전체 생활인구는 평균 1,151만 명으로 주민등록 기준 1,013만 명 보다 138만 명 더 많았다. 평일이 1,175만 명으로 주말 1,139만 명 보다 36만 명 더 많았다. 다만 홍익대 앞은 금요일에서 일요일까지 밤늦도록 20대 생활인구가 많은 것으로 조사되었다.

쪼그라드는 인구,
늘어나는 솔로시대

앞으로 인구 구조 대변화가 올 것이다. 저출산으로 어린 아이들은 줄고, 장수로 인해 노인들은 늘어난다. 인구는 줄어들지만 1인 가구 수가 사회에 차지하는 비율이 커지게 된다. 이 같은 인구 구조의 대변화는 부동산시장의 대변화를 가져올 것이다.

여성의 경제력 상승이 낳는 인구 구조의 변화

인구가 줄어들고 있다. 결혼에 대한 중요성이 떨어지고, 결혼은 해도 종족 번식에 둔감해진다. 어머니 세대 자녀수는 평균 3명이었지만 지금 세대는 자녀수가 불과 1명에 불과하다. '아들 딸 구별 말고 하나 낳아 잘 기르자'라는 유행어가 나라를 휩쓴 지 30년 만에 나타난 현상이다.

줄어들고 있는 출산율에 정부는 출산율을 높이기 위해 다자녀 출산 가정에 다양한 복지 정책을 펴고 있지만 국민들에게는 와 닿지 않는다. 이러한 낮은 출산율은 적어도 30년 이상은 갈 것이다.

인구가 전반적으로 줄어들고 있는 가운데 의료·생활 수준이 높아지면 수명도 같이 높아져 노인의 인구가 늘게 된다. 고령자는 1995년 6.0%에서 7.0%(2000년), 11.0%(2005년)로 빠르게 증가하고 있다. 한번쯤 지하철 내 노약자석에 앉아 있는 아이들의 모습이 담겨져 있는 광고를 본 적이 있을 것이다. 바로 그런 모습이 얼마 남지 않았다.

여성들의 사회적 지위가 높아지고, 생활 경쟁력이 높아지면서 독신자가 늘고 있다. 여성들이 살기 편해졌다고는 하지만 사실상 결혼을 하게 되면 아직까지 우리나라에서는 육아문제, 재취업 문제 등 규제를 받는 것이 많다. 따라서 결혼을 기피하는 여성들이 늘어나고 있는 것이다. '2005년 인구·주택 총 조사'에 따르면 1995년 13.0%였던 독신자가 2000년에는 16.0%로 증가하더니 2005년에는 20%까지 상승했다. 앞으로는 혼자 살기에 편한 세상이 오고 있기 때문에 독신자들의 인구 구조의 1/2을 차지할 날이 올 것이다.

여성뿐만이 아니다. 남자 독신자도 늘어나고 있고 이혼률이 급속히 늘어나는 것도 하나의 원인이다. 예전 어머니 시대에는 생활과 고부갈등, 남편의 폭력 등 아무리 힘든 생활에서도 이혼을 하지 못했던 것은 경제력 때문이었다. 어떻게 보면 여성의 사회지위 상승과 경제력 상승 등이 낮은 출산률과 1인 가구 증가 등 인구 구조 변화를 가져오는 가장 큰 원인일지도 모른다.

앞으로는 인구 구조가 깨지게 될 것이 분명하다. 인구 구조의 변화는 단순 인구 구조의 문제만이 아니다. 사회와 생활의 다변화를 가져올 뿐만 아니라 부동산의 파격적인 변화를 불러 올 것이다.

인구와 부동산은 밀접한 관계가 있다

왜 인구와 부동산이 밀접한 관계를 가지고 있는 것일까. 이유는 인구가 곧 주택 수요이기 때문이다.

주택시장의 상승과 하락의 변수는 인구수의 변화에 있다. 일반적으로 인구가 줄면 주택가격이 떨어질 수밖에 없다. 왜냐하면 인구가 줄어드는 것은 그만큼 주택 구입 수요가 줄어든다는 것을 의미한다.

현재 1자녀밖에 없다는 것을 가정해보자. 1자녀밖에 없을 경우 다음 세대에서는 집을 구매하지 않는다. 대부분 부모가 소유하는 주택을 상속받게 되므로 굳이 집을 구입하지 않아도 된다는 생각이 커지게 마련이다. 지금은 자녀가 평균적으로 2~3명이 되기 때문에 부모가 소유하고 있는 주택은 큰 아들의 몫이라면 다른 형제들은 스스로 주택을 구입해야 한다. 하지만 1자녀 시대인 지금은 주택을 구입하지 않아도 된다는 것이다. 이는 총 인구수가 하락세로 돌아서는 2023년에는 실감할 수 있을 것이다.

무엇보다도 인구 구조가 노인들은 많고, 아이들은 매우 적은 형태가 된다. 생산을 담당하지 않고 부양에 의존하는 인구가 많아지면 국가 재정의 적자, 기업의 사회적 부담 비용 증가 등 경제적으로 많은 부담을 주게 된다. 이는 경제 자체의 활력을 잃게 하고, 노동력의 해외 이탈을 가져올 수 있다.

경제 자체가 활력을 잃게 되면 자연스레 주택 구매력도 수요도 줄어들게 된다. 인구 증가율이 신규 주택의 공급 증가율보다 높거나, 주택 수요가 증가하게 되면 주택의 희소성으로 주택가격이 상승하게 된다. 역으로 인구가 감소하게 되면(주택 수요가 줄어들면), 주택가격은 떨어지게 마련이다.

어떤 대비를 해야 할까?

"남이야 아이를 낳든 말든, 독신으로 살든 말든, 이혼을 하든 말든 무슨 상관이냐"라고 생각하고 있는 사람도 있을 것이다. 이런 생각을 한다면 큰 오산이다. 특히 내 집 마련을 해야 하는 사람이라면 더욱 그러하다. 우리는 인구 구조 변화에 따른 부동산의 변화를 예측해야 한다.

앞서도 제시했듯이 인구가 줄어든다는 것은 주택 구입 수요가 줄어든다는 것을 의미한다. 공급량은 늘어나고 주택 수요는 줄어들기 때문에 빈집이 늘어나면서 가격은 떨어질 수밖에 없다. 과거처럼 수백만 원씩 많게는 수천만 원씩 오른 시기는 갔다는 것이다. 이제는 수요자들이 투자금액만 준비되고 마음만 먹으면 내가 원하는 대로 골라서 살 수 있다는 것이다.

하지만 모든 지역의 아파트가 가격이 떨어지는 것은 아니다. 좋은 지역에 좋은 주택에 들어가고 싶은 사람들의 마음은 누구나 같다. 앞으로는 양극화가 극과 극을 달리게 될 것이다. 수요가 넘쳐나서 집값이 오르는 곳이 있는 반면 수요자들이 없어 집값이 껍값이 되는 곳이 허다할 것이다. 향후 미래가치가 있는 곳을 선점하기 위해서는 수요가 이동할 만한 곳을 찾는 것이 중요하다.

그리고 짚어봐야 할 문제는 늘어나는 1인 가구다. 1인 가구는 독신자와 이혼 등을 통한 돌아온 싱글들이다. 앞으로는 1인 가구가 전체 비율에서 반을 차지하는 날이 올 수도 있다. 줄어들고 있는 인구 속에 공급 과잉으로 인한 빈집을 1인 가구가 채울 수도 있다. 하지만 일반 주택 수요자들과 달리 1인 가구들은 특별하게 선호하는 주택이 있다. 1인 가구는 혼자 사는 만큼 필요한 것이 많다. 우선 혼자 사는 만큼 보안이 잘 되어야 하고, 주변 생활에서 불편함이 없어야 한다. 교통여건이 좋아야 하고, 주변 편의시설도 많아야 한다. 그리고 실내 구조는 물론 시설들도 최첨단 시설을 좋아한다. 이러한 조건은 일반 아파트보다는 오피스텔과 주상복합 아파트가 더 잘 갖춰져 있다. 하지만 앞으로는 오피스텔과 주상복합보다 한 층 업그레이드된 1인 가구를 위한 주택들도 선보이게 될 것이다.

마지막으로 고령자도 짚어봐야 할 문제다. 우리나라는 2000년에 이미 '고령화사회'로 접어들면서 고령화가 급속도로 진행되고 있다. 앞으로 10년 후에는 '고령사회'로 진입하게 될 것이다. 2008년 7월 우리나라 총 인구는 4천 860만 명. 이 가운데 65세 이상 고령자는 501만 명으로 10.3%를 차지한다. 국민 10명 가운데 1명은 고령자인 셈이다. 2026년에는 고령자 비율이 20%를 넘어서게 될 것이다.

이 같이 늘어나는 고령자들은 어디로 가게 될 것인가? 우리나라는 동방예의지국라는 말이 부끄러울 정도로 부모 봉양을 꺼려한다. 부모들은 이미 자식들의 이런 마음을 알고 있고, 노후 대비를 준비하고 있다. 그렇다면 그들은 어디로 가게 될까? 우리가 노인이 되었을 때 무엇이 필요한지를 생각하면 답이 나온다.

그들도 1인 가구와 마찬가지로 편리함이 중요하다. 편리함은 1인 가구보다 더 중요할지도 모른다. 나이가 들어 거동이 힘들기 때문에 병원과 공원, 편의시설 등이 집과 가까이에 있어야 한다는 것이다.

최근에는 실버주택들도 속속 등장하고 있지만 대부분 외곽지역에 들어서고 있다. 이는 노인의 입장이 되지 못해 본 사람들의 발상이다. 물론 건강을 위해 공기가 좋은 곳에 짓는 것이 맞는 취지다. 하지만 병원에 한번 가기 위해서는 1시간을 달려가야 하는 그런 곳에 과연 노인들이 들어가고 싶어할까? 그리고 노인들은 젊은 사람들보다

외로움이 더욱 심각해서 도심 외곽지역은 노인들의 외로움을 우울증으로 발전시키는 꼴 밖에 되지 않을 것이다.

결론을 말하자면 결혼을 하지 않은 젊은 독신자나 노인들이 선호하는 지역은 편리한 도심이며 소형주택이다. 이것만 기억하고 투자해도 절대 실패는 없다.

4차 산업혁명이 가져오는 부동산의 변화

2016년 세계경제포럼에서 처음으로 언급된 4차 산업혁명은 인공지능(AI), 사물인터넷(IoT), 빅데이터(Big date), 모바일 등 첨단정보통신기술이 경제, 사회 전반에 융합되어 혁신적인 변화가 나타나는 차세대 산업혁명을 4차 산업혁명이라 한다.

자율주행차(ACDC)

탑승자가 운전을 하지 않아도 스스로 움직이는 자율주행차는 부동산시장에 막대한 영향을 줄 것이다. 교통은 부동산가격을 결정하는 중요한 요소이다. 불법 주정차가 사라지고 원활한 교통 흐름으로 교통체증이 크게 줄어들어 도심이 활성화될 것이다. 또한 자율주행차로 자가 필요성이 떨어지면서 집 주차장이 사라질 것이다. 도시 내 상업지역, 주거지역, 공업지역 모두 혜택을 볼 수 있는 부분이다. 특히 주차난이 심각한 주거지역이나 약 330m² 이하 일반 상업지역, 준

자료 : 미래창조과학부 블로그 참조

주거지역 등이 큰 수혜를 받을 것으로 보인다.

인공지능(AI)

인공지능을 부동산과 연계한다면, 앞으로 토지와 아파트 등에 대한 정보뿐만 아니라 감정 금액, 실거래 금액을 모바일과 연결해 매수인에게 알려줄 것이다. 이런 정보뿐만 아니다. 부동산 현장을 직접 방문하지 않아도 현장에 있는 듯한 상품 주변과 내부시설 등을 모바일을 통해 생생하게 얻을 수 있다. 또한 매도인 연락처까지 연결이 되어 거래가 좀더 정확하고 편리하게 가능한 시대가 될 것이다.

사물인터넷(IoT)

인터넷을 기반으로 모든 사물을 연결해 사람과 사물, 사물과 사물간의 정보를 서로 소통하고 지능형 기술 및 서비스를 말한다. 부동산으로 얘기하자면 어떤 아파트를 지나가기만 하면, 그 아파트에 대한 개요와 임대 사항을 모바일로 보내준다는 것이다.

빅데이터(Big date)

분양, 미분양, 실거래가, 인허가신청 등 지역 데이터뿐만 아니라 요즘 사람들이 관심 가지는 아파트, 집값에 영향을 주는 요소 등이 데이터를 통해 느끼고 예측할 수 있는 시대가 올 것이다.

4차 산업혁명 시대가 도래하면 지금의 주택시장도 많이 달라질 것이다. 산업혁명 주도 업종은 대부분 대도시권에 적합하다. 때문에 외곽지역의 기존 수요까지 대도시권으로 끌어들일 것이다. 4차 산업혁명 시대에는 도심이 일자리의 중심축으로 활성화될 것이다. 그래서 서울 도심에 있는 지금의 소규모 공장단지 등은 업무시설 등으로 개발이 될 것이다. 그리고 주거지는 서울과 가깝고 녹지가 풍부한 곳이 주거지로 주목받을 것이다. 지금은 서울 도심으로 출·퇴근의 불편한 지역은 주거지로 비인기 지역이다. 하지만 앞으로는 자율주행차로 전원생활을 누리면서 서울로 출·퇴근도 불편함 없는 시절이 곧 올 것이다.

벌어도 벌어도
적자 인생이다

벌어도 벌어도 적자 인생이다. 고유가와 고물가에 경기 불황의 골이 깊어져 비지땀을 흘려도 마이너스 생활고를 벗어날 수 없다. 그동안 우리는 평범하다고 생각해왔던 것이 무너지고 있는 것이다. '평범하게 사는 것이 가장 힘들다'라는 말이 앞으로는 실감나게 될 것이다.

즉 중산층이 몰락하고 있다는 것이다. 이렇게 중산층 몰락은 또 부동산시장에 대변화를 가져온다.

강남에 집이 있다고 다 부자인 건 아니다

밀린 업무에 야근을 하고 피곤한 마음에 지하철이 아닌 택시를 타는 날이 있다. 택시를 타면 우리는 짧은 시간에 택시기사와 많은 인생사를 나눈다. 피곤한 몸과 마음에 잠시 눈을 부치고 싶지만 택시기사와 "이 시간까지 일하고 가는데 월급은 많이 받느냐"라는 질문부터 얘기를 이어갈 때가 있다.

이런 저런 얘기 중에 나의 호기심을 자극하는 부동산 얘기도 있었다. "강남에 사는 사람이 다 부자가 아니다"라는 것이다. 그의 얘기인즉 "물론 정말 부자인 사람도 있겠지만 빚 없이 강남에 집 가지고 있는 사람이 얼마나 되겠어요. 그들도 남들 말하는 부자가 한번 되고 싶어서 큰 빚을 지고도 강남에 집을 사는 사람도 많을꺼에요. 정말 부자들은 집값이 떨어지든 말든 큰 상관은 없지만, 빚을 내서 들어간 사람들은 집값이 떨어지면서 대출 부담 때문에 도리어 손해를 보고 집을 파는 사람들이 많겠죠. 한번은 택시 손님 중에서 이 때문에 펑펑 우는 손님이 있었어요."라고 말이다.

그렇다. 강남 집값이 천정부지로 오를 때는 빚으로 들어갔더라도 큰 수익을 본 사람들도 많다. 하지만 그런 경우는 하늘의 별따기다. 실제로 상담을 하다보면 대출 이자 부담 때문에 작은 집으로 이사를 해야겠다는 내용들이 더러 있다. 그들은 처음에는 중산층이었겠지만 고물가와 고유가 시대에다 집값마저 떨어져 서민으로 몰락하는 것이다. 그리고 서민들은 빈곤층으로 몰락한다.

받아들이기 힘들고 슬픈 현실이지만 앞으로는 더 많은 중산층이 무너지게 될 것이다. 물가도 오르고 집값도 오르는데 들어오는 수입은 오히려 줄어들게 될 것이다. 장기화되고 있는 불황이 앞으로 더 이어지게 될 것이기 때문에 아무래도 구조조정이나 연봉이 감액이 되기 때문이다.

수업료가 없어서 학교 못다니는 시대로 돌아왔다

우리나라 경제가 고물가, 저성장으로 이어지는 스태그플레이션(Stagflation: 경기침체와 정체가 동시에 발생하는 현상) 초입 단계에 들어섰다. 고유가로 인한 물가 상승과 세계 경기 둔화 등의 악재가 겹치면서 성장률보다 높은 물가 상승률을 감내해야 할 상황이 되었다.

현 경제 상황으로 인해 어떤 계층이나 고통이 있겠지만, 아무래도 불황의 그늘은 소외계층에게 더 혹독할 수밖에 없다. 소득 하위 20%를 뜻하는 1분위 계층은 높은 물가 때문에 적자 규모가 늘며 빚에 허덕이고, 특히 노인들은 생활비를 마련하기 위해 거리로 나오고 있다.

과거 초등학교 때 학교 등록금이 없어서 몇 달을 미룬 적이 있었다. 그때는 담임선생님은 물론 친구들한테 너무 창피해서 등록금을 가져가기 전엔 학교에 안 간다고 엄마한테 떼를 쓴 적이 많았다. 담임선생님이 많은 반 친구들 앞에서 등록금 미납한 학생들 이름을 부를 때 내 이름이 들어간 게 싫었고, 교무실로 불려가는 것도 싫었다. 필자인 나는 언니들이 둘이나 있었고, 남동생이 있었기 때문에 아무래도 내게 돌아오는 순위는 항상 끝일 수밖에 없었다.

물론 어머니 시대 때에는 더욱 심했다. 어머니의 어린 시절에는 학교 창문 너머로 밖에서 도둑 공부도 마다하지 않았다.

이런 암울한 현실이 다시 돌아오고 있다. 경기도 화성시의 한 공립 고등학교에서 최근 수업료 문제를 놓고 담임 교사와 학부모 사이에 작은 다툼이 있었다. 교사는 1·2기분 수업료를 미납한 학생의 집으로 전화를 걸어 "수업료를 미납하면 교칙에 따라 퇴학 처분을 할 수도 있다"고 했고, 화가 난 학생의 어머니는 경기교육청 인터넷 홈페이지에 이에 항의하는 글을 올렸다.

이렇게 도농복합지역에 있는 이 학교의 2008년 1학기 수업료 미납자는 전체 학생의 1/3에 해당하는 200여 명에 이른다. 통상 분기별 수업료 미납률이 10% 미만인 것과 비교할 때 크게 늘어난 수치다.

경기교육청에 따르면 지난 2008년 3월 말 마감한 2008년 1분기 도내 380개 공·사립 고교의 수업료 미납률이 12%다. 전체 학생 43만 8천여 명 중 수업료를 면제받는 저소득층 자녀를 제외하고도 4만 명 가량이 수업료를 내지 못한 셈이다.

맞벌이를 해도 경제생활은 빠듯하다

절망과 좌절 속에서 대한민국의 중산층이 몰락하고 있다. 대부분의 사람들은 본인이 중산층이라고 생각하고 있다. 그런 평범한 가정이 하류층으로 몰락하고 있는 것이다. 신용파산, 개인회생, 신용회복위원회 라는 단어가 낯설지 않게 들리고, 주변인들이 실제 파산의 주인공인 경우가 많이 있다.

노력하지 않고 방탕한 삶을 살아온 사람이 이러한 파국을 가져오는 것은 자연스러운 일이다. 하지만 평범하고 열심히 살아온 30~40대의 파산은 사회의 어두운 부분이고, 중산층과 하류층의 어떤 누구에게도 빗겨가지 않을 피부에 와 닿는 현실의 모습이다.

전세대에서는 열심히 삶을 살아가면 어느 정도의 여유와 저축, 그리고 경제적 자유를 누릴 수 있었다. 그러나 현세대에서는 전세대보다 더욱 열심히 노력하고 있음에도 불구하고 파국을 맞이하고 있는 이유를 살펴볼 필요가 있다.

최근 결혼한 사람들, 그리고 결혼을 준비하는 예비 부부들은 대부분이 맞벌이를 하거나 또한 선호한다. 과거 남자들은 외벌이를 해도 가정을 꾸려 나갈 수 있었기 때문에 여성이 사회생활을 하는 것을 꺼려했다. 하지만 요즘은 남들보다 수입이 높지 않다면 외벌이를 해서 가계를 꾸려나가기 힘든 게 현실이다. 이제 혼자서 경제활동을 하면서 경제적 자유를 찾기는 거의 불가능해졌다는 것이다.

우리를 더욱 힘들게 하는 것은 맞벌이를 해도 생활이 전혀 윤택하지 않다는 것이다. 그동안 한 사람이 벌었던 것을 두 사람이 번다면 수입이 두 배로 늘어나기 때문에 그만큼 생활이 여유로워져야 하는 것이 당연한 일이다. 하지만 대부분 생활이 빠듯하기만 하다. 맞벌이 부부가 생활의 일부가 되었지만 맞벌이 부부의 경제적 소득이 삶을 윤택하게 하거나, 경제적 부를 창출해 내지 못하는 상황은 사회를 더욱 암울하게 만들고 있다.

중산층이 사라진다

지금 하락하는 부동산가격은 죄다 '거품'이다. 지난 노무현 정부 시절 '8.31부동산대책' 등을 비롯한 정부의 부동산 정책 실패로 인해 강남권을 비롯한 아파트가격은 하늘 높은 줄 모르고 올라버렸고, 부동산시장은 부익부 빈익빈을 가르는 기준점처럼 인식되었던 것이 사실이었다.

이런 가운데 새 정부가 들어서면서 그나마 서민들이 들어갈 수 있는 강북권 집값이 짧은 시간에 폭등세를 보였다. 강북구, 도봉구, 성북구 등 재개발 및 뉴타운 등으로 개발 호재 영향도 있었지만, 강남권 집값 부담 때문에 서민들이 강북권으로 대거 이동하면서 나타난 현상이다. 더욱 문제는 전셋값 폭등이다. 재개발 및 뉴타운 등으로 인해 이주 수요가 급증하면서 상대적으로 저렴한 강북권 전셋값이 폭등한 것이다.

하지만 혼란스러운 금융 불안과 경기 침체로 강남권은 물론 전반적으로 집값이 급하락세를 나타냈다. 주택보급률이 현재 108%에 달할 정도로 많은 주택이 지어졌다는 지적, 그리고 미국을 비롯한 세계 부동산시장이 일제히 하락세로 돌아서고 있는 점 등도 한국 부동산 하락의 요인으로 거론된다. 그러나 이들 요인은 기본적으로 내수시장의 경색으로 인해 자본흐름이 악화되었기에 발생하는 부차적 요인이라고 보는 것이 맞다.

주택보급률이 108%라고 하지만 서울을 비롯한 수도권은 여전히 주택이 모자란다. 이마저도 아파트, 빌라뿐 아니라 단칸방과 같이 열악한 주거환경과 낙후한 지역의 재개발이 필요한 주택까지 포함할 때의 공급률이 108%라는 말이다. 공급과잉은 지방 일부지역에 국한된 사안일 뿐이고, 서울을 비롯한 수도권은 여전히 주택수요가 있다고 보아야 한다. 하지만 내수시장 부진으로 인한 자금부족으로 부동산 투자를 할 수 없는 것이 기본원인이다.

그나마 현재 부동산시장은 거래 자체가 너무 위축되어 있어 가격 하락이 제대로 나타나지 않는 상황이기도 하다. 최근 서울은 강남과 강북권에서 공통적으로 아파트 급매물이 나오고 있지만, 거래시세보다 싼 급매물도 팔리지 않는 상황은 부동산시장의 어두운 전망과 최근 시중 자금경색의 사정을 적나라하게 드러낸다고 할 수 있다.

부동산 경기 침체가 장기화되자 이명박 정부는 또다시 규제 완화책의 칼을 내뽑았다. 재건축 규제를 완화하고 투기지역을 해제하고 다양한 세금 정책을 펴냈다. 여기서 주목할 문제는 재건축 규제 완화와 세금 정책이다. 재건축 규제를 완화해주는 것이 강남권 집값을 부추기는 일이다. 결국 잘 사는 사람을 위한 정책이라는 것이다.

또 하나 고소득층을 위한 정책은 세금 완화책 중에서도 종부세와 관련된 것이다. 당시 한나라당은 종부세 완화를 내걸었다. 종부세가 통과되면 종부세로 인한 세수입은 기본적으로 절반 이상 줄어들 것이 확실시되는 것이었다. 그렇다면 줄어들 1조 4천억 원 이상의 세금은 어디서 마련해야 하는가. 대기업과 부유층과 가까운 한나라당의 생리를 고려할 때 줄어든 세금수요는 고스란히 중산층과 서민들이 감당해야 한다. 이는 아마도 유류세를 비롯한 간접세의 방식으로 서민생활에 고스란히 되돌려질 가능성이 가장 높다.

안 그래도 고물가로 중산층과 서민들의 삶은 어렵기만 한데 정부는 서민들의 부담을 가중시키고 있다. 앞으로 그들의 삶은 더 고달플 수밖에 없다. 이런 현상은 곧 부동산시장에 있어 양극화를 불러올 것이다. 이런 양극화에서 서민들은 내 집 하나, 그리고 조금 더 좋은 곳에 투자를 하기 위해서는 아직 저평가되어 있지만 미래가치가 있는 곳을 선점하는 것이 중요하다.

또한 갈아타기를 잘 해야 그나마 중산층에서 몰락할 위기에서 벗어날 수 있고, 여유로운 삶을 즐길 수 있을 것이다.

한국에서 부동산이란
'가장 안전한 부의 저장 방법'이다.

2014년 4월, 3억 원 정도의 여유자금을 가진 K씨와 K씨의 동생은 3억 원으로 투자할 만한 곳을 찾았다. 나는 과천 재건축 아파트와 강남 세곡2지구 미분양 아파트를 추천했고, K씨와 K씨의 동생은 대출을 받아야 하는 게 부담이라고 했다. 그럼에도 K씨는 대출을 3억 원가량을 받아 세곡2지구 미분양을 매입했다. 세곡2지구는 바로 입주가 가능한 상태였고, K씨의 전셋집 만기는 그 해 10월이었기 때문에 몇 달 후면 대출을 갚을 수 있는 상황이었기 때문이다. 반면 동생은 자신의 여유자금에 맞추고 싶었고 본인이 살고 있는 곳을 떠나고 싶지 않아 용인시 성복동에 아파트를 매입했다.

6억 중반 때에 샀던 K씨의 집은 4년도 채 되지 않은 2018년 4월 현재 12억 원을 호가한다. 반면 같은 시기 4억 원 가량에 샀던 K씨의 동생 집은 4억 4천만 원에 형성되어 있다.

2016년 '11.3부동산대책'이 발표되자 거래량이 끊기고 가격도 함께 떨어지자 집을 가진 사람들의 마음이 급해지면서 '지금이라도 팔아야 하느냐'라는 상담 문의가 쇄도했다. 나의 답은 '부동산 규제책이 발표되면 일시적으로 가격이 떨어질 수 있으나 매도시점은 대책 발표 후 다음 성수기는 지나가보고 결정하라'는 것이었다. 떨어지던 가격이 성수기 시점에 다시 살아난다면 규제책은 일시적 영향이며 가격 상승은 앞으로 한차례 더 갈 수 있기 때문이다. 그때 상담을 받은 대부분의 사람들은 매도를 하지 않았으나 강남의 재건축 아파트를 가진 한 상담자는 급한 나머지 매도를 했다. 매도한 그 집은 매도 1년 시점에 3억 원이 올랐다.

2018년 1월, 한 여성 상담자로부터 다급한 전화를 받았다. 금방이라도 울음을 터트릴 것 같았다. 그녀는 내가 전화를 받자마자 "어떡하면 좋죠. 정말 죽고 싶어요"라며 자신을 원망하며 질책을 했다. 강남 재건축 아파트 작은 걸 하나 가지고 있었는데, 작년 초에 집값이 2억 원 가량이 올라서 기쁜 마음에 매도를 했다는 것이다. 하지만 그 집은 1년도 채 되지 않아 4억 원이 올라버린 것이다. 화가 날 법하다. 그 당시 집값 움직임을 보면 상승세가 계속 갈 것 같아 보였고 지금이라도 다시 매입을 해야 하는지 고민이 되었던 것이다.

그래서 나의 답은 "지금 이 가격이 비싸다고 느껴지냐?"라는 것이다. 그녀의 답은 "Yes"였고 나의 답은 "당신이 비싸다고 느낀다면 다른 사람들 역시 그리 느낀다"였다. 가격의 부담선이 생긴 것은 앞으로 가격이 조정될 수 있다는 의미다. 그녀가 그 당신 다시 매입을 했다면 2달 새 5천만 원이 혹은 1억 원이 올랐을지도 모른다. 하지만 더 좋은 기회는 놓쳤을 것이다.

아침 눈을 뜨고 나니 집값이 몇천만 원 올라 있고, 1년이 지나고 나니 10년 동안 월급 한푼도 쓰지 않고 꼬박 모아야 할 돈이 시세차익으로 부가 늘려 있었다. 여기저기서 우리 집은 얼마가 올랐느니, 얼마가 더 오를 것 같다느니 소리를 들으니 아직 나만 집 없는 것 같고, 이러고 있으면 안 될 것 같다는 조바심이 생긴다.

집값이 오르길래 나도 집을 사야 할 것 같아 힘들 게 대출받아 집을 샀더니 내가 사자마자 집값이 뚝뚝 떨어진다. 내가 살기 편한 곳에 집을 구매했을 뿐인데 우리 집은 천만 원 오르는 것도 힘든데, 비슷한 시기에 산 지인의 집은 몇 억 원이 오르고, 다 오르는데 우리 집만 안 오르는 것 같은 그래서 자괴감에 빠지기도 한다.

부를 물려받을 부모가 있는 금수저가 아니고서는, 대박 아이템으로 사업을 시작하는 사람들이 아니고서는 하루아침에 부자가 되기는 힘들다. 돈을 버는 게 쉬워 보이는데 가장 어려운 게 돈을 버는 일이기도 하다.

한국에서 부동산 투자란 단순히 재테크를 넘어 가장 안전한 부의 저장 방법이다. 금융위기가 터지기 10년 전 대한민국은 펀드 열풍이 거셌다. M사가 내놓은 펀드에는 3조 원 이상이라는 천문학적인 돈이 몰렸다. 대한민국 모두는 펀드 시대가 왔다고, 펀드는 무조건 될 거라며 전문가들은 앞으로 자산 비중이 부동산에서 펀드와 주식 등 투자성 자산으로 이동할 것이라 했었다.

하지만 10년이 지난 지금 대한민국은 여전히 부동산이다. 그렇다면 앞으로 10년 후에 대한민국 부동산은 어떤 모습일까? 저자는 10년 후 역시 대한민국 부동산은 매력적인 투자 상품일 것이라 생각한다. 하지만 이제 부동산도 다 잘 되는 시대가 아니며, 무조건 오르는 시대는 끝났다는 것을 우리는 알고 접근해야 한다.

앞으로도 부동산 투자, 특히 주택 투자는 그 어떤 투자보다 수익률도 높고 매력적인 투자 상품일 것이다. 그러나 이제 투자를 해서 성공할 수 있는 주택은 많지 않다. 앞으로 부동산은 사놓으면 무조건 돈 벌어다 주는 모두의 효자가 될 수도 없다.

왜 그런걸까? 우선 2017년을 기점으로 생산가능 인구가 감소하기 시작했다. LX(한국국토정보공사)보고서에 따르면 평균 수명 연장으로 고령 인구(65세 이상)는 540만 명(11%)에서 2050년에는 1,726만 명(36%)으로 증가할 것으로 예측된다. 30년 뒤 우리나라 전체 인구 1/3 이상이 65세 노인으로 채워진다. 한국은 고령화사회(Aging Society)를 지나 고령사회(Aged Society)로 완전히 진입했다. 이는 소비, 세수, 투자 등 경제성장을 이끄는 각종 요소의 감소를 의미한다.

부동산가격은 부동산을 본격적으로 매입하는 자산계층이 얼마나 두텁냐에 따라 결정이 된다. 이미 시작된 베이비붐 세대가 은퇴하면, 이후 자산계층이 받쳐줄 가능성이 낮아진다. 핵심 자산계층인 베이비붐 세대는 은퇴 비용을 충당할 재원이 충분치 않아 보유 부동산을 처분할 수밖에 없다. 앞으로 부동산가격 상승보다는 하락 비중이 더 높다는 것이다. 일본 역시 생산가능인구(15~64세) 비중이 하락하기 시작한 1992년 이후 2016년까지 주택가격이 약 53% 하락했다.

그리고 개발될 부지가 없다. 과거 적어도 2000년대 초까지만 해도 여기저기서 대규모 개발이 이뤄졌고, 가격도 하루아침에 몇천만 원씩 뛰었다. 하지만 이제는 사람이 몰리는 곳은 이미 개발 부지 고갈 상태다. 개발 부지가 고갈되었다는 것은 과거처럼 집값 폭등이 어렵다는 것이며, 내가 오르면 너도 오르는 시대도 끝났다는 것이다.

우리나라는 다른 선진국에 비해 자산 중 부동산 비율이 유난히 높다. 우리나라의 경우 개인 자산에서 부동산이 차지하는 비율이 70~80% 선이라고 한다. 반면 미국은 50~60%, 일본은 60~70%다. 그럼에도 대다수 국민은 여태껏 부동산 자산관리의 필요성은커녕 개념조차 모르고 살아오고 있다. 그도 그럴 것이 그동안 우리나라 부동산은 시세차익이라는 달콤한 유혹이 너무 강해 관리에 신경 쓸 겨를이 없었을 것이다. 하지만 앞으로는 달콤한 시세차익을 누리기 위해서는 지금까지보다 더 선별적인 투자가 필요하다.

부동산이 나에게 효자상품이 되기 위해서는 꼭 지켜야 할 것들이 있다.

첫 번째, 성장가치를 봐야 한다. 내가 투자하려고 하는 곳이 혹은 단지가 앞으로 지금보다 더 성장할 수 있는 미래가치가 어느 정도인지 따져봐야 한다.

두 번째, 희소가치도 따져봐야 한다. 다이아몬드의 투자가치는 희소성에서 비롯되었듯이 부동산에서도 희소성을 갖췄다면 앞으로 자산가들의 유입은 계속될 것이다.

세 번째, 인구가 유입되는 곳을 찾아야 한다. 출생아가 가파르게 줄면서 2028~2031년으로 예상되던 우리나라의 총인구 감소시기도 앞당겨질 가능성이 높아졌다. 하지만 그럼에도 불구하고 인구가 몰리는 지역은 있다. 그런 곳은 곧 주택 수요가 발생한다.

네 번째, 소득이 높은 곳을 따라가면 된다. 소득 수준이 높은 지역은 부동산가격의 변동이 적고, 호황기에는 높은 상승률을 기록하고 있다.

10년 안에 조물주 위에 건물주가 되지는 못해도 든든한 아파트 한 채를 가질 수 있는 당신을 원한다면, 저자가 이 책에서 제시하는 기준만 잘 따라간다면 성공할 수 있을 것이다.

양지영

★ 메이트북스는 독자의 꿈을 사랑합니다.

대한민국 최고의 부동산 애널리스트가 말하는 부동산투자 불변의 성공법칙 23가지

흔들리지 않는 부동산투자의 법칙

이광수 지음 | 값 16,000원

대한민국 최고의 부동산 애널리스트가 부동산투자 불변의 성공 법칙 23가지를 제시한다. 부동산투자의 잔기술이나 요령이 아닌 원칙과 정석을 알면 주변에 흔들리지 않고, 부동산시장의 많은 소음으로부터 자유로워진다. 부동산투자는 장기적인 관점에서 접근하고 무리하지 않게 투자하는 것이 중요하다. 이 책은 대한민국 부동산시장에 가치투자의 기본을 알려주는 좋은 교본이 될 것이다.

흙수저로 시작해 부동산 임대사업 고수가 되기까지

나는 소액으로 임대사업해 아파트 55채를 샀다

이지윤 지음 | 값 16,000원

소액 아파트 임대사업으로 55채의 아파트를 보유한 고수의 투자일대기와 실전 거래 노하우까지 모두 담은 최고의 투자 지침서다. 최근 각광을 받고 있는 아파트 임대사업에 대해 이렇게 디테일한 경험과 과정을 기록한 책은 이 책이 처음이다. 평생직장은 옛말, 자영업은 겁나는 도박, 주식은 개미의 무덤, 가상화폐는 위험천만한 현실에서 이 책은 서민들에게 한줄기 빛이 될 것이다.

모든 경제는 환율로 시작해 환율로 끝난다

경제의 99%는 환율이다

백석현 지음 | 값 15,000원

환율을 보면 글로벌 경제와 금융시장 흐름을 알 수 있고 환율에는 한 국가의 총체적 경제력이 투영된다. 때문에 '모든 경제는 환율로 시작해 환율로 끝난다'라는 표현이 있다. 환율의 모든 것을 알려주는 이 책은 한국인에게 가장 적합한 환율 교양서라고 해도 과언이 아니다. 이론적 지식을 토대로 저자가 외환시장에서 경험한 실무 노하우를 곁들여, 쉬우면서도 실감나게 환율과 외환시장의 진면목을 보여준다.

부동산투자의 기초부터 실전까지, 이보다 쉬울 수 없다

7일 만에 끝내는 부동산지식

김인만 지음 | 값 16,000원

부동산시장의 흐름을 읽을 수 있는 노하우, 그리고 부동산투자자라면 꼭 알아야 필수지식과 투자전략을 한 권에 담은 책이 나왔다. 오랫동안 부동산 컨설팅을 해온 저자는 이 책을 통해 스스로 부동산의 가치를 판단할 수 있는 안목을 기르도록 돕는다. 이 책은 부동산의 내재가치, 현재가치, 미래가치, 시장가치를 체계적으로 이해하고 제대로 된 부동산투자를 할 수 있는 길로 안내하는 교과서라고 할 수 있다.

세상에서 가장 재미있는 축구 경제학

나는 축구로 경제를 배웠다

함승민 지음 | 값 15,000원

축구의 플레이 전략·구단의 경영 방식 등을 들여다보면 현재의 정부 정책·기업 운영과 많이 닮아있음을 알 수 있다. 축구를 보는 시야를 넓히면 전술·운영·제도·이적 같은 재미 요소가 다양하다. 경제 또한 그 이면을 읽으려 노력하면 세상에 대한 시야가 활짝 열린다. 저자는 축구로 한국 경제 상황뿐만 아니라 세계 경제까지 아우르며 앞으로 우리 경제가 어떠한 방향으로 나가야 할지 방향을 제시한다.

돈 되는 부동산 임대사업은 따로 있다
부동산 임대사업자가 꼭 알아야 할 47가지

송상열 지음 | 값 16,000원

임대사업을 시작하는 사람들이 반드시 알아야 할 부동산 임대사업의 모든 것을 담은 책이 나왔다. 30년 경력의 투자전문가인 저자 베테랑 핵심노하우는 물론 초보투자자들이 놓치기 쉬운 요소와 임대사업자들도 미처 알지 못하는 사안이 일목요연하게 정리되어 있다. 이 책을 통해 돈 되는 임대사업은 무엇인지, 투자 고수들의 임대사업은 어떻게 다른지 확인해보자.

실전에 강해지는 부동산 절세의 모든 것
7일 만에 끝내는 부동산 절세지식

주용철 지음 | 값 17,000원

부동산 세금을 다양한 사례와 함께 소개하면서 세금 문제를 해결할 수 있게 안내해주는 절세 지침서다. 각종 방송매체에서 부동산 관련 세무 전문가로 활약중인 저자는 절세 노하우를 책에 담아냈다. 취득·보유·양도·증여·상속의 단계별로 세금 문제가 발생하기 때문에 부동산투자에 관심이 있는 사람이라면 기본적인 절세지식과 절세 마인드를 가지고 있어야 불필요한 세금을 줄일 수 있다고 말한다.

금리상승기, 곧 다가올 위기를 대비하라
경제흐름을 꿰뚫어보는 금리의 미래

박상현 지음 | 값 16,000원

이 책은 투자자들에게 가장 민감한 금리의 흐름과 금리가 미칠 영향을 면밀히 분석하고 진단하고 있다. 저자는 이코노미스트로 지난 10년간 금융시장 현장의 체험과 집필한 리포트를 활용해 독자에게 향후 금융시장, 금리 변화를 이해하고 리스크를 관리하는 데 도움을 주기 위해 이 책을 썼다. 이 책으로 과거의 저금리 시대를 정리해보고, 숨어있는 리스크도 짚어보고, 미래의 금리를 전망해볼 수 있을 것이다.

관계의 99%는 감정을 알고 표현하는 것이다
나도 내 감정과 친해지고 싶다

황선미 지음 | 값 15,000원

감정에 휘둘리지 않고 내 감정과 친구가 되고 싶은, 그래서 행복하게 살고 싶은 사람들을 위한 인생지침서다. 상담학 박사인 저자는 감정에 대해 제대로 알고 친해지는 법을 소개한다. 이 책은 인간이 가진 다양한 감정 중에서도 일상적이며 부정적 감정인 화·공허·불안·우울에 대해 이야기하며 부정적 감정 그 자체는 문제가 아님을, 핵심은 감정에 휩쓸리지 않고 감정을 잘 받아들이는 데 있음을 말한다.

사람을 움직이는 소통의 힘
관계의 99%는 소통이다

이현주 지음 | 값 14,000원

직장 생활에서 바람직한 인간관계를 맺기 위해 필요한 소통 방법을 다룬 지침서다. 직장 내 관계에 대한 교육과 상담을 활발히 해온 저자는 올바른 소통 방법을 알려준다. 이 책은 우리가 알고 있었던, 혹은 눈치채지 못했던 대화법의 문제점을 부드럽게 지적한다. 회사에서 답답했던 소통을 경험한 직장인이라면 이 책을 통해 그동안 겪은 스트레스를 해소할 수 있을 것이다.

독자 여러분의
소중한 원고를 기다립니다

★   메이트북스는 독자 여러분의 소중한 원고를 기다리고 있습니다. 집필을 끝냈거나 혹은 집필중인 원고가 있으신 분은 khg0109@hanmail.net으로 원고의 간단한 기획의도와 개요, 연락처 등과 함께 보내주시면 최대한 빨리 검토한 후에 연락드리겠습니다. 머뭇거리지 마시고 언제라도 메이트북스의 문을 두드리시면 반갑게 맞이하겠습니다.